바람 따라 물 흐르듯

현 대 수 필 가 1 0 0 인 선 · 42

바람 따라 물 흐르듯

정규복 수필선

좋은수필사

■ 책머리에

수필은 누구나 부담 없이 읽고, 마음만 먹으면 직접 쓸 수도 있는 가장 친근한 문학이다. 다른 영역의 문학이 영상매체에 밀려 신음하고 있는 중에도 수필 인구만은 날로 증가하여 바야흐로 수필 전성시대를 구가하고 있는 이유도 거기에 있을 것이다.

시대적 추세에 힘입어 수많은 수필전문지, 수필동인지가 창간되고, 이에 비례하여 신진 수필가도 날로 늘어나다 보니 이제는 그 많은 작가, 그 많은 작품 중에서 문학성 높은 작품을 가려 읽는 일이 쉽지 않게 되었다. 이런 현상은 작가에게나 독자에게나 결코 바람직한 일이 아니다. 더 나아가서는 수필을 연구하는 후세들에게도 큰 부담이 될 것이다.

이런 문제를 해결하는 데는 출판인도 다땅히 한몫을 감당해야 한다는 평소의 소신에 따라, 본사가 기꺼이 그 역할을 맡기로 했다. 그 첫 번째 사업으로 시대를 대표할 만한 수필가 100인을 선정하고, 작가가 자선한 40편 내외의 작품을 수록한 문고본을 발간하여 이를 널리 보급함으로써 그 소임을 다하고자 한다.

본사는 사명감을 가지고 이 사업을 추진해 나가기로 했다. 작가 선정을 전담할 편집위원회를 구성하고 전권을 위임하여 일체의 사적인 정실이나 청탁을 배제함으로써 전문성과 공정성을 확보해 나갈 것이다.

따라서 이 기획물 속에는 작가의 문학정신뿐만 아니라, 본사의 문학사적 기여 의지와 편집위원 제위의 수필문학에 대한 애정과 문인으로서의 양심이 함께 담겨 있음을 자부한다. 다만, 작가를 선정하는 기준에는 많은 견해의 차이가 있을 수 있고, 선정 과정에서도 미처 챙기지 못한 부분이 있을 것이라는 사실만은 인정하지 않을 수 없다. 이 점에 대해서는 관계자 여러분의 양해 있으시기 바란다.

이 시리즈의 발간 순서는 작가, 또는 본사의 사정에 의한 것일 뿐 그 밖의 어떤 기준도 적용하지 않았음을 밝힌다.

본 기획물이 시대를 초월한 많은 수필 애호가들의 관심과 애정 속에 우리나라 수필문학 발전에 한 이정표가 되기를 바랄 뿐이다.

2009년 4월

좋은수필 발행인 서 정 환

현대수필가 100인선 간행 편집위원 박 재 식 최 병 호

정 진 권 강 호 형

변 해 명

1_부

바람 따라 물 흐르듯 · 12
'적허積虛'의 유감 · 17
생각의 편력 · 20
도반道伴을 그리며 · 25
僧과 俗의 사이에서 · 30
우우임于友任의 글씨를 즐기면서 · 35
김병걸 교수를 추모하며 · 39
무료한 하루 · 45
≪구운몽≫의 미학美學 · 49
피천득의 〈황무지〉 · 53

2_부

玄潭 兄을 보내며 ◦ 58
롤렉스와 돌핀 ◦ 61
찰나의 영겁 ◦ 66
영원한 질서 ◦ 72
등영초登穎超의 거룩한 죽음 ◦ 77
떠버리 교수와 버버리 교수 ◦ 83
初雪과 니르바나 ◦ 88
食客의 학문 ◦ 93
回甲과 鬼女譚 ◦ 98
대학을 물러나면서 ◦ 104

3_부

내생을來生을 알려면 ◦ 110
早讀經 ◦ 115
잔잔한 평범 ◦ 120
나의 문학, 나의 인생 ◦ 125
'유아독존'의 미학美學 ◦ 133
오에겐자부로 미테랑 ◦ 137
老境의 희열 ◦ 143

4_부

朴希聖 교수와 존재철학 • 150
생활신앙과 신앙생활 • 156
근본주의와 문명출동 • 162
종교인들의 대화 • 165
全泰鎭 전도사의 신앙 • 171
이데올로기스트 鄭大哲의 죽음 • 177
落葉의 시발 • 182

▣ 작가연보 • 187

1부

바람 따라 물 흐르듯

'적허積虛'의 유감

생각의 편력

도반道伴을 그리며

僧과 俗의 사이에서

우우임于右任의 글씨를 즐기면서

김병걸 교수를 추모하며

무료한 하루

≪구운몽≫의 미학美學

피천득의 〈황무지〉

바람 따라 물 흐르듯

내 나이 이럭저럭하는 사이에 80수에 이르렀다. 우리 가계의 혈통으로 보면 4·50대의 단명으로 거의가 생을 마감한 마당에, 80수에 이르렀다는 것은 5복의 첫째로 적지 않은 축복이다. 남이야 어떻게 생각하든 자축해야 할 일이다.

지난일을 되돌아보니 '우중유락憂中有樂'으로 쓴맛과 단맛이 엉키는 가운데 주류는 일찍부터 책읽기를 좋아하며, 특히 학창시절엔 전공을 중심으로 동서의 교양서적을 읽어가며 앞서 있는 서양문화를 매우 동경하였다. 여기에서 우리의 정체성을 모르면서 서양의 것이라면 혹하여 스스로를 후진으로 폄하하였다.

일제에서 해방이 된 때엔 크리스천으로서 일본의 것을 증오한 반동으로 서양문학의 일역서적을 사들여 기호품을 무질서하게 읽었다. 학문에 철이 들어서는 전공은 운명적으로 동양, 특히 우리의 것을 익혀왔다. 그러다 늙음에 임박하여 서양의 것이 결집된 미국문화의 일방주의적 측면을 보고 동양 문화를 깊이 확대하여 보면서, 공자든 노자든 석가든 만단여일萬端如一로 거의 종교화하리만큼 푹 빠지게 된 것이 요즘의 심정이다.

동서 문명의 차이가 무엇인지 전문가는 아니지만 보이는 듯 하였다. 즉, 서양의 것은 자연과 인간을 따로 떼어 놓고 신과 인간, 이성과 감성의 양단을 내왕하다가 구조와 해체를 거듭하면서 끝내는 컨텍스트(共在)를 제시한 것과는 달리, 동양의 것은 애초부터 자연과 인간을 하나로 융합하는 천인합일天人合一의 문화인 것을 보게 된 것이다. 이런 경우 인간을 자연물의 하나로 예속시켜 '대자연'으로 확대하고 있다.

지난해 연말엔 오랫동안 사귀었던 친구로부터 모처럼 새해 연하장이 왔다. 나도 수십 년간 사귄 우정으로 답신을 부쳤다. 그간 우정을 나누는 가운데 오해와 갈등도 적지 않았다. 무슨 사연을 적을까 망설이던 중, 그와 나 사이에 오해와 갈등을 해소하는 뜻에서 궁리 끝에 시비를 떠나보내고 자연으로 돌아가 완자연玩自然하면서 여생을 보내자는 마음을 담아 '송시비送是非 영자연迎自然'의 여섯 글자를 써 보내 우정의 갈등을 말끔히 씻을 수가 있었다.

자연은 만물을 끊임없이 생육하면서도 말이 없다. 말이 없으니 자랑이나 공치사가 있을 리가 없다. 다만 묵묵히 '천행건건天行健健 자강불식自彊不息'에 따라 만물을 생육하다가도 자연의 질서를 어길 경우 묵묵히 벌을 가하기도 한다. 자연의 생명과 덕성의 상징인 물은 만물을 생육하고 남을 경우, 적수천석滴水穿石의 위력을 갖고 있으면서도 쉬지 않고 아래로만 흐른다. 그리고 돌덩어리나 바위 등 걸림돌을 만나면 이를 피해 계속 아래로 흘러 끝내는 바다에 이르렀다가 만물의 생육을 다시 준비한다. 이러한 물의 덕성은 자연의 무한한 대덕의 상징으로서 문자 그대로 '상선약수上善若水'인 것이다.

그뿐이랴! 자연은 선택이 없다. 흔히 종교의 근본주의자들이 조물주의 무한한 사랑을 전제해 놓고서도 천국과 지옥을 따로 설정하여 자기들만이 천국을 독점하는 것과는 달리, 자연은 선악善惡 · 미추美醜 · 인종人種을 가리지 않고 만물을 생육하니 이것이 조물주의 대덕으로서 '무한한 사랑'이 아니고 무엇이랴?

인간은 다만 자연을 따라 순응하면서 배고프고 목마르면 밥 먹고 물 마시며, 즐거우면 기뻐하고, 슬프면 눈물 흘리고, 의인을 만나면 존중하고, 불의를 보면 증오하여 희로애락애오욕의 칠정七情 중 한 곳에 치우침이 없이 적절히 맞으면서 사는 것이 최상의 지혜가 아닌가 생각해 본다.

나는 이런 뜻에서 다음과 같은 옛 시를 애송한다.

나비야 청산 가자 범나비 너도 가자

가다가 저물거든 꽃에 들어 자고 가자
꽃에서 푸대접하거든 잎에서나 자고 가자

위의 시조는 수유須臾의 나그네가 청산을 만나면 청산에서 쉬고, 이어 가다가 저물면 꽃에서 쉬고, 만약 꽃이 푸대접하면 잎에서 쉬어가자는, 호불호好不好를 떠난 자연 순환의 대의가 함의된 것이 아닌가 한다.

자연은 초자연의 절대자가 형상화된 그림자요 모형이라 생각된다. 노자의 궁극적 실체인 도道도 이를 구체화할 방도가 없어서 끝내는 자연을 본받아야 한다는 '도법자연道法自然'으로 통한다. 이는 바로 절대자의 모형의 다른 표현일 뿐이다.

지금 지구촌은 나날이 죽어가고 있다. 온난화로 우리나라 춘하추동의 사계절도 몽롱해지고, 특히 이웃나라는 상전벽해桑田碧海가 닥쳐올까 두려워하며 불안해하고 있다. 강대국들의 핵 소유는 다른 행성으로의 이주론도 불러일으키고 있다. 이 모두가 자연 질서의 인위적 역행에서 비롯된 크나큰 심리적 재앙이다.

자연이 공정하고 한 치의 거짓과 꾸밈이 없는 이상, 현실의 갖가지 어지러운 상황은 인과응보의 업보로서, 어느 선사禪師의 '처해진 현실에 주인이 되고 현실의 상황이 모두가 바로 부처'라는 '수처작주隨處作主 입처개불立處皆佛'의 선어禪語는 그대로 우리의 탁한 마음을 울린다. 다만 나와 같은 세속인이 이

지상에서 해야 할 일은 망상妄想의 굴레를 완전 벗어날 수 없는 바에야, 자연의 선과 악이 상대적으로 순환하는 과정에서 어느 한쪽에 집착하지 않고 바람 따라 물 흐르듯 대응하는 것이 최적한 슬기가 아닌가 한다.

'적허積虛'의 유감

흔히 이름 · 자 · 시호 · 봉호 등이 부모에 의해 또는 공적에 의해 주어지는 것과는 달리, 아호雅號는 자호든 타호든 자기 뜻에 따라 지어지기 때문에 거기엔 본인의 의지와 이상이 자연 함축되게 마련이다. 거기서 아호의 효용은 그 아호에 함의된 정신에 따라 아호의 주인공이 점점 닮은꼴이 되어간다는 것이다. 그래서인지 현실의 인위적 갈등 속에서 아호는 대부분 溪 · 菴 · 隱 · 拙 · 訥 · 松 · 竹 · 菊 · 處 등의 한자로 이루어진 것에서 보듯, 거기엔 자연의 한적함과 낮아짐의 시풍이 주류를 이루고 있다.

나는 30, 40대에서 50대 초반까지 돌집에서 살았었고, 내가 봉직한 대학도 석조로 되어 있어서 아호를 '石軒'이라 스스로 짓고 돌의 굳건한 성품을 흠모해 왔다. 50대 중반기에 이르러

나의 존경하는 친구 玄潭 柳正東 형이 무슨 뜻에서인지 내게 '晩虛'란 별호를 지어 주었다. 나는 晩虛의 주제어인 虛는 욕괴欲塊를 떨쳐 보리라는 뜻으로 매우 바람직하게 받아들였지만, 아직 60대에도 이르지 않은 마당에 晩이 마음에 들지 않아 이를 쓰지 않고 유보하였다. 60대 중반기에 정년이 되자 연구실을 마련하여 당호堂號를 무엇이라 지을까 궁리하다가 진작 지어 준 '晩虛'를 쓰기로 했으나 늙음을 더 유보하려는 욕심에서 '晩虛' 중 晩의 음만 취하여 낭만의 '漫'으로 바꾸어 漫虛로 변용하고 '漫虛書舍'로 낙착시켰다. 당시 나는 친구와 만날 날이 있으면 만허서사로 안내하여 정담을 나누었는데, 한번은 중국인 문필가 수전蘇震 씨가 내 서재로 안내되어 친구들과 함께 정담을 나누며 저녁식사를 즐겼다. 수전 씨는 중국 남방의 저명한 문필가로 일찍이 한국전쟁 중 1·4후퇴 때 종군기자로서 중공군과 함께 서울까지 입성한 바 있는 한국문화에 대한 지인이다.

수전 씨는 귀국 후 내게 만허서사에 대한 소감을 〈積虛書舍小聚〉란 제목으로 그곳 ≪廣州日報≫에 써서 내게 부쳐 왔다. 우선 눈에 띈 것은 漫虛가 積虛로 된 것이다. 왜 그는 晩虛의 '漫'을 '積'으로 하였을까? 그의 친필 메모 부기에도 이에 대한 일언의 언급이 없는 것으로 보면, 고의가 아니라 분명 착각인 것 같다.

수전 씨의 소감에 의할진대 '漫虛書舍'의 판각 글자가 나의 전공인 ≪구운몽≫의 초판본에서 따왔다는 것 외에도 ≪구운몽≫의 불교사상의 심도까지 언급되고, 여기에 내 서재에 걸려 있는 20세기 최고 서예가 중국인 위요우런(于右任)의 '心積和平氣 手成天地功'에 대한 이모저모의 일화까지 언급된 것으로 보면, 그의 소감은 사전에 의도적으로 마련된 메모에 따라 이루어졌음을 알 수가 있다. 혹시나 '積虛'의 고사故事가 있지 않을까 하여 여러 문헌과 사전을 들춰 보아도 찾아지지 않았다. 수전 씨에 의해 처음으로 이루어진 셈이다.

거기서 수전 씨가 漫虛을 積虛로 착각한 것은 분명 心積和平氣의 '積'이 압도적으로 이미지화되어 뒤바뀐 것이 아닌가 생각된다. 그러므로 그의 積虛의 변용을 '화평한 기운을 쌓으면서 虛로 돌아가라.'는 천공의 선물 메시지로 수용하고 싶다.

虛를 주제로 하여 아호를 삼은 것은 우리나라에 그리 많지 않지만, 일찍이 올곧은 선비 조위曹偉가 태허太虛로, 임진왜란 때 큰 공적을 이룬 대선사 휴정休靜이 청허淸虛로, 현대에 와서 현대소설을 크게 연 현진건이 빙허憑虛로, 이태준이 尙虛로 각각 별호를 삼았다. 나는 이 선인들의 별호를 모방한 것은 아니지만 모처럼 나의 존경하는 친구가 우정으로 준 '漫虛'가 스스로 늙음을 유보코자 漫虛로 변용되고, 다시 외국인 친구에 의해 積虛로까지 변용되었으니, 나는 晩虛든 漫虛든 積虛든 이들을 80수를 내일에 둔 노경에 정신적 자양분으로 삼으면서 유효적절하게 나의 만년晩年을 보냈으면 한다.

생각의 편력

어렸을 적에 나는 한적한 촌락의 유교 가문에서 자랐다. 그래서 제사 때는 어른들이 미리 집어 주시는 사과 껍질을 즐겨 먹었고, 아버지가 읽는 축문을 들으면서 무릎을 꿇어 절하는 법을 배웠다. 그리고 가끔 아버지가 정갈하게 손을 씻고 족보를 밥상에 펴 놓고 보시는 것을 보며 그 엄숙함을 자연스레 몸에 익혔다.

한편 동네 외딴집에서는 토요일 저녁이면, 예수쟁이들이(당시 유교 사회에서 예수 믿는 사람을 깔보고 하는 말) 넓은 헛간에 가마니를 깔아 놓고 어린이들을 불러 모아 찬송가를 가르치고 동화를 들려주었다. 나도 물론 거기에 끼여앉아 그들과 함께 기도를 올렸다. 그리고 다음날 일요일엔 예배당(당시 교회를 예배당이라 하였음.)에 나가 어린이 예배 시간에 참여하여

과자나 공책 같은 학용품을 상으로 받기도 하였다.

중학교 시절엔 독실한 신학생을 만나 그의 영향으로 교회에 열심히 나가 신학생이 될 것을 꿈꾸며 한동안 새벽기도도 거르지 않았고, 이를 이어 8 · 15 해방과 함께 대학에 들어가서는 독실한 크리스천이 되었다. 그러면서도 집에서는 할머니의 제사 때는 원근 친족이 모여 집안 어른의 집례로 엄숙히 제사를 끝낸 후, 함께 식사를 하며 담소를 나누던 광경은 지금껏 내게 인상적으로 남아 있다.

하지만 교회 생활에서는 영어 성서의 중요 부분을 외우고 유교대학인 S대학에서는 ≪사서오경四書五經≫ · ≪고문진보古文眞寶≫ 등을 읽어 유교적 교양을 쌓았다. 이렇듯 기독교와 유교를 내왕하면서도 내 바탕에는 기독교 신앙이 확고하게 자리잡혀 갔다.

그러나 구름 같은 의심은 늘 신앙심 속에 맡돌았다. 이는 기독교의 '무한한 사랑'과 '선택적 구원'이라는 교리 문제였다. 이런 기독교의 주류적 신앙 가운데에서도 나의 독서는 톨스토이 · 니체 · 괴테의 문학적 취향에 도취되었고, 따라서 생각은 갈피를 잡을 수 없으리만치 몽롱의 다양 속에 뒤섞여 갔다.

40세쯤에 이르자 한때 노이로제에 시달리는 가운데에서도 기독교의 근본주의적 신앙에 매달리게 되어 마음의 안정을 찾을 수 있었다. 정신적 건강을 되찾자 거의 10년 간 의욕적인 연구와 안정된 생활을 누리다가 과로로 중풍이 와 죽느냐 불구자가 되느냐의 위기에 처해지자, 다시 지속적인 신앙생활로 건강을 되찾을 수 있었다.

그러던 중 동료 종교철학 교수의 소개로 종교의 다원주의를 조직화한 존힉(John Hick)의 ≪종교철학개론≫(황필호 편역)을 읽고 종교의 다원주의를 익혔을 뿐 아니라, 철학 · 사상 · 정치 · 경제 · 사회 · 교육 등 문화 모두에 대한 다원주의의 적용으로 생각의 갈등을 말끔히 해소할 수 있었다. 이로써 나는 동양 사상의 위대함을 더욱더 느끼게 되었다.

그러므로 나의 의식 속의 하느님은 어느 종교나 종파에 한계된 것이 아니라, 우주 만물을 창조하신 '우주적 하느님'으로 '천天' · '도道' 그대로 무소부재하신 절대자인 것이다. 거기서 20대부터 읽어 온 유가의 ≪사서오경≫ · ≪노장자老莊子≫ 등 ≪제자백가諸子百家≫ 외에도 불가서로 애독한 ≪금강경≫ · ≪화엄경≫ 등, 그 외 각종의 문학 서적 등은 전공을 중심으로 과외로 읽은 비조직적 독서이지만, 모두가 때에 따라 장소에 따라 마음과 생각의 양식이 되어 오고 있다.

요즘 뒤늦게사 임어당林語堂의 ≪이교도에서 기독교로≫(From Pagan to Christian, 김학주 역)가 출간되었다는 소식을 듣고, 내가 평생 독서를 영위하는 가운데 생각이 하나로 고정되지 않고 잔잔하게 변해 온 편력을 겪어 왔기 때문에, 이를 구하여 나의 생각의 편력과 대비해 보았다. 일찍부터 임어당의 종교관에 관심을 갖게 된 것은, 그가 기독교 목사 가정에서 태어나 목사가 되고자 신학을 공부하다가 그의 고향 사상인 유교 · 도교 · 불교의 사고 속에서 일찌감치 기독교를 단절하고 전통 사상을 즐기면서 이들을 영어와 독일어로 번역 소개하였을 뿐 아니라, 그의 폭넓은 다양한 독서와 자유분방한 사고로 세계적 에세이스트가 되어 명성을 얻었기 때문이다.

임어당의 ≪이교도에서 기독교로≫에 대한 소감은, 본래의 허식화된 기독교를 떠나 유 · 불 · 도 등의 구체적인 편력 과정을 에세이식으로 서술하고, 다시 기독교로 되돌아간 과정이라는 것이다. 이들 종교의 일관된 주류는 '사랑'을 실천하는 것으로서 예수만큼 사랑을 몸소 현실성 있게 실천한 경우는 없다는 것이다. 여기에 덧붙인 계명은 "내가 너희들을 사랑한 것같이 너희들은 서로 사랑하라."에 있고, 그 사랑은 용서와 봉사와 함께 교리 · 강령 · 의식을 떠난 '사랑' 그 자체라는 것이다. 그것의 실천인으로 아프리카 오지에서 평생을 의료 봉사로 헌신한 슈바이처를 들었다.

여기에 덧붙인 중요한 사항은 임어당이 기독교를 단절하였다가 유 · 불 · 도를 거쳐 최종으로 기독교로 환원된 '끊임없는 종교심의 추구'는 개종이 아니라 신앙의 성장으로서, 얼마 전에 백안의 스님 현각玄覺이 서양의 천주교에서 동양의 불교로의 편력을 스스로 '개종'이 아니라 '성장의 추구'로 표현한 것과 일맥 상통한다는 것이다.

이와 같이 임어당이 기독교에서 출발하여 이를 허식화된 형식으로 여겨 단절하고 유 · 불 · 도의 전통 사상을 마음껏 즐기다가 그의 말년에 다시 기독교로 회귀한 것은 그가 애초에 기독교 가정에서 태어나고 자라난 그 '원초'르 되돌아가게 한 '귀소 본능歸巢本能'이라면 어떨까.

나 스스로도 지금 80에 가까운 노경老境에, 내가 태어나고 자란 서울의 변두리 '들머리'(현 마포구 당원동)를 지날 때마다, 이따금 푸닥거리와 고사의 샤먼, 또는 유교적 세사 등 행례가 끝난 후 함께 이웃과 제수를 나누어 먹던 일 외에도 이따금 나타난 전도사들이 들려준 동화 등의 이모저모가 그리움 속에 떠오르는 일이 간간 있으니 말이다.

이승만 전 대통령이 해외에 망명했다가 작고할 임박에 고국으로 돌아와 묻힌 것과 같이, 임어당도 거의 평생을 해외에서 문필 생활을 하다가 끝내는 중국의 외로운 섬, 대만에 묻힌 것에서 우리는 귀소 본능의 '둥지' 의식이 인간의 사고에 얼마나 강하게 영향을 미치는가를 확인할 수가 있다.

— ≪에세이21≫〈3〉, 2005. 봄호.

도반道伴을 그리며

지난가을 한국의 저명한 신학자 P박사의 10주기 추모식에 참석한 일이 있다. 나는 진작부터 P박사의 여유로운 다원주의 신학 이론에 동의되는 바 많아 P박사를 뵙고 그분과 대화를 직접 나누고 싶었지만, 뵙기도 전에 P박사는 기어코 그가 속한 교계의 이단으로 몰렸다가 마침내 이 세상을 작별하고 말았다.

P박사의 추모식에는 다원주의자를 기념하는 듯 개신교의 여신도는 물론, 가톨릭의 수녀, 그리고 원불교의 정녀까지 함께 참가하여 합창을 하는가 하면, 연사도 각 종교계의 저명한 학자들이 나와 특별 강연을 하여 나는 흐뭇한 추모식이라 생각하였다. 연사 중 어떤 불교학자는 P박사가 살아 계실 때, 그분과의 대화를 전화로, 때로는 직접 대면하면서 불교에 대해, 혹은 기독교에 대해 진지한 대화를 나눈 바 있는 '도반道伴'으로

P박사를 존경하였다고 술회하였다.

나는 이럭저럭하는 것 없이 팔십 수에 이르렀지만 지난날을 되돌아볼 때, 후회막급한 일이 한두 가지가 아니다. 평생을 교단에서 보낸 사람으로서 제자들과 또는 동료들과 또는 선후배들과의 만남을 회고할 때, 어떤 경우엔 심한 후회막급으로 기가 꺾여 몸과 마음이 움츠러들 때도 이따금 있다.

그런 가운데에도 양심상 부끄러움이 없는 것은 어렸을 적부터 재물을 부러워하거나, 불의를 선택한 적은 없었기 때문인 것 같다. 불의의 경우엔 흥분증으로 불행히도 성격으로 굳어졌고, 지난 무시무시한 군사정권 시대엔 독재자를 물러나게 하는 데 서명을 하여 '정의의 교수'란 허명을 들은 적도 있지만, 실은 서명으로 밤잠을 설친 겁쟁이다. 또한 불의의 부작용은 나로 하여금 인색한 '서울 깍쟁이'로 만들었지만, 가정 살림과 대인관계를 원만하게 유지할 수 있었던 것은 내자의 덕택인 것 같다.

종교 생활에 있어서는 어렸을 적부터 기독교에 습관적으로 속해 왔지만, 뒤늦게 유교와 불교도 좋아하고 기타 다른 문화종교를 나름대로 수용하는 '다원주의자'라고 스스로 생각하고 싶다. 이런 정치적 불의에 대한 정의감과 종교의 다원주의는 늙어 갈수록 책을 읽어 가며 때로는 직접 목도도 하면서 더욱 굳어져 왔다. 나의 주변엔 늙은 동창도 있지만 늙은 이웃과 친척도 있다. 거의가 철저한 반공주의자가 아니면, 종교의 경우 모두가 근본주의자다. 이들과의 대화는 2, 3분 지속하기가 어렵다. 여기에서 자연 스트레스를 받고, 때로는 고함에 가까운 분위기도 연출된다. 그래서 흔히 요즘 유행하는 말로 친구들 사이엔 종교나 정치 이야기는 삼가는 것이 좋다고들 한다. 하지만 정치와 종교의 이야기는 불순한 정치적 목적이 없는 이상 일상생활에서 교양인의 중요한 대화인데, 이를 피하면 덕담이라 하여 신경을 써 가며 팔방미인의 대화를 나누며 고루 비위를 맞춰 주기란 더욱 어려운 것이다.

늙음에 이르기까지 평생 동반인의 역할을 한 내자도 정치와 종교를 바라보는 시각이 다행스럽게도 거의 나와 있지만, 24시간 외곬 사고에 습관화되었다고 핀잔을 주거나, 아니면 신경질까지 피울 때도 있다. 이때 나는 고집불통의 늙은이가 아닌가 스스로 반성하기도 한다.

이런 경우는 내 생각을 60년 전으로 돌려놓는다. 나에겐 청빈하고 올곧은 선비 K옹이 계셨다. 나는 당시 폭풍과 노도의 청춘 시절, 나에게 인격과 학문을 모두 준 K선생은 칠십대의 노옹. 하루 한 끼로 식량을 채우시고 하루 종일 단칸방에 들어앉아 독서 삼매경에 빠졌다가도 우리와 같은 청년이 찾아가면 반기면서 이책 저책의 독서량으로 정치 · 철학 · 역사 · 문학을 이야기하다가 끝내는 남북의 지도자를 차례로 공격하며 언성을 높이셨다.

끊임없는 K옹의 말씀을 우리 청년들은 경청하느라 소변을 참아가며 오금이 쑤시도록 앉았다가 해가 져서야 자리를 뜨게 되었다. K옹은 그 많은 독서량을 풀 데가 없다가 모처럼 찾아간 나와 같은 청년들에게 쏟아내야만 정치적 부조리에서 오는 스트레스가 풀리시는 것 같았다.

노경에 이른 요즘 나는 이따금 나의 현 처지를 옛날 60년 전을 회상하며 K옹에 비유하곤 한다. 나는 늙었지만 독서를 많이 하는 축으로 스스로 생각해 본다. 조반을 먹고 나면 눈이 가는 것은 그날의 신문이다. 컴퓨터에 장님인 나는 소위 진보신문과 보수신문을 아울러 읽는데 우선 진보신문을 읽고 보수신문을 읽으면, 침소봉대의 기사에 지식인이 동원되는 것을 보고 나도 모르게 흥분하고 만다. 이때 의식이 뚜렷한 제자나 동료라도 있으면 함께 스트레스를 풀겠지만 모든 일이 짜증으로 변한다.

오후 늦게서야 집 주변을 산책하며 여유롭게 산을 바라보면서 때로는 '견남산見南山', 대로는 '완자연玩自然'으로 마음의 고요를 되찾는다. 늙을수록 대화의 상대는 계속 좁아든다고 한다. 아울러 늙음과 고집불통은 비례된다고 주를 달고 있다.

나는 이즈음 독서와 집필이 유일한 낙이다, 고집불통을 방어하기 위해서. 또는 정치적 부조리에서 오는 스트레스를 막기 위해서는 독서와 집필이 최적의 방법이지만, 만약 누구라도 정치적 이데올로기에서 벗어나고 종교적 근본주의에서 벗어난 너그럽고 순수한 인본주의자라면 이따금 만나 대화를 나눌

나의 도반으로 삼고 싶다. 여기에다가 인생관·세계관까지 합일된다면, 금상첨화의 더없는 도반이겠지만, 그런 복이 나에게 있을 수 있겠는가?

— ≪에세이문학(94)≫, 2006, 여름호.

僧과 俗의 사이에서

인간이란 도대체 어떤 동물인가. 나이가 들고 늙어가면서 인간 선악善惡의 문제가 자꾸 나의 의식을 엄습한다. 앞으로 길지 않은 인생의 삶을 의식하는 가운데 주변의 친구들이 하나 둘 자꾸 사라지며, 때로는 나의 혈연 중에서도 연하의 동생들이 심장마비니 하는 병으로 쓰러지는 것을 목격할 때, 이젠 인생의 삶과 죽음의 문제가 피안의 것이 아니라 바로 나의 문제로 다가오고 있는 것 같다. 어떻게든지 여생을 위해서도 감당할 만한 인생의 윤리관을 정리하고 싶다.

이 지구상엔 고운 사람, 미운 사람, 잘난 사람, 못난 사람, 착한 사람, 사나운 사람 등 다양한 인간들이 살다가 죽고, 또 한 세대가 가면 또 한 세대가 오고 하면서 인간 역사가 끊임없이 이어져가고 있지만, 무수한 인간들을 두 부류로 나눈다면

僧과 俗으로 나눌수 있을 것 같다.

청록파 시인 지훈芝薰은 한때 '증곡曾谷'의 아호를 즐겼다고 한다. 즉, 지훈의 종교사상적 배경은 내가 아는 바로는 하나의 종교적 틀에 얽매이지는 않았지만, 아마 불교사상을 선호한 듯 싶다. 그가 한때 '증곡'을 애용한 것은 〈승속僧俗〉의 두 글자 중 사람 인人 변을 제거시켜 '증곡曾谷'이라 하고, 말하자면 僧과 俗의 세계를 한편에 치우치지 않고 두 틀을 넘나들면서 자유주의자의 사고를 유지한 것이 아닌가 생각된다.

젊고 혈기 왕성할 때는 한 사물과 부닥칠 때, 극대화된 이원론적 사고의 틀에서 흔히 한쪽의 틀을 몹시 선호하지 않으면, 몹시 기피하는 극단론에 치우쳐 행동하는 것이 일반적이다. 나의 경우도 60고개를 넘어서면서부터 사물을 대할 때, 사물에 얽힌 것이 매우 복잡하고 다양하다는 것을 실제로 인지하게 되면서 좀 융통성 있는 생활양식을 가져보고 싶은 것이 요새의 생각이다. 그래서 근래의 독서는 단선적인 날카로운 논리로 엮어진 근대과학의 딱딱한 책보다는 틈나는 대로 동양의 두루뭉술한 고전이 더욱 선호되는 편이다.

요사이 우리나라 정권이 문민정권으로 뒤바뀌면서 정치·경제·사회·교육·군사 등 각처의 비리가 한꺼번에 노출되기 시작하자, 소위 각처의 지도자급 인사들이 파렴치한 범죄자의 낙인이 찍혀 쇠고랑을 차는 것을 볼 때, 내가 만약 그런 사회 분위기에 처해 있었다면 어떻게 되었을까 하고 곰곰이 생각해 본 적이 한두 번이 아니다. 일조에 본인이 쇠고랑을 찰 뿐 아니라, 과거부터 쌓아온 명예가 하루아침에 역작용이 되면서 식구들과 함께 패가망신에 이르러는, 정말로 남의 일 같지 않아 아차 하면서 내가 출세한 것은 없지만, 일정한 자리를 유지하면서 대과없이 살아온 것은 천만다행으로 생각하지 않을 수가 없다.

해방 후 40여년 전 학창시절의 일이다. 나는 그때 서양인에 의해 저술된 모 성인열전聖人列傳을 읽은 일이 있다. 여러 성인들의 성인에 값하는 거룩함 속에서도 인간으로서의 단점을 찾아내어 결론은 성인도 결국 인간적 결함을 지닌 인간이라는 것이다. 당시엔 평범한 독후감으로 끝났지만 이제 늙어가면서부터는 내가 겪어온 주변의 인간관계를 통하여 비추어 보면서, 그 성인열전의 인간으로의 격하를 적이 이해케 되었다는 것이다. 인간은 참으로 인간 이상일 수도 없고 이하일 수는 더구나 없다. 말하자면, 승과 속의 틀을 아울러 넘나들면서 신과 악마와의 사이를 끊임없이 방황하는 파우스트의 인간일 따름이다. 그래서 장자莊子는 도척盜跖 같은 도적에게도 인의예지仁義禮智를 부여하려 하였을 것이고, 서양의 어느 종교학자는 성인을 깎아 범상의 인간으로 격하시키려 하였을 것이다.

한국 사람은 고래로 백의민족을 자처해오리만큼 도덕을 즐기고 자연을 완상하고 순응할 줄 아는 순자연順自然의 백성이다. 때로는 오랫동안 이민족의 구박에 시달려왔다. 게다가 근래에 30여 년간이나 지속된 독재·군사정권에 의해 풍속이 여러모로 변모된 데다가 안타까운 것은 한국인의 순수성을 송두리째 앗아갔다는 것이다. 따라서 가치관도 많이 전도되었다. 이런 여러 가지 풍속의 전도를 일으키는 과정에서 현재 터져 나오는 비리가 자연발생적으로 생겨났다고 보아진다.

그러므로 현재의 비리가 돌출된 것은 우연의 것이 아니라, 오랫동안 지속된 관행의 비리이니 만큼, 그 비리의 근본적인 책임은 마땅히 역대 정권을 장악해온 소위 통치자들이 져야 할 일이다. 그러나 그들은 스핑크스모양 아무 말이 없다.

이제 그 지긋지긋하던 군사정권의 시대는 막을 내리고 문민정부의 시대가 도래하였다. 지금 각종의 비리로 쇠고랑을 차게 된 그들을 꼭 두둔하는 것은 아니지만, 어떻게 보면 역대 독재자들이 만들어 놓은 올무에 의해 잡힌 희생물이다. 그러므로 그들을 일률적으로 악마로 몰아붙이는 것은 근시적인 시각이다. 그들만이 비리의 책임을 져야 할 것이 아니라, 우리 모두가 그 고통의 책임을 져야 할 공통적 과제가 아닌가 싶다.

60고개의 중반을 넘어선 이 때, 나 스스로의 인간을 아무리 회고해 보아도 향선向善을 한다고는 하지만 거짓과 어리석음으로 점철되어 있음을 고백하고 싶다. 요행히 직업이 소위 성직이라는 교직생활을 영위해온 까닭에 나의 거짓과 모자람이 그늘에 감추어져 밖으로 노출되지 않았다고 생각된다. 되풀이 되는 대로, 인간은 신도 아니요 악마도 아닌 승과 속을 아울러 넘나드는 파우스트의 존재인 것같이, 나의 앞으로의 여생도 승속의 굴레를 벗어나기가 어려울 것이다. 다만, 바라기는 요새 터지는 그런 패가망신만은 나와 완전 별개가 되기를!

— ≪현대문학(462)≫ 1993. 6월호.

우우임于友任의 글씨를 즐기면서

나는 초등학교 시절에 서예를 필수로 배웠지만 먹을 가는 것도 힘들고 붓을 쥐는 것은 더욱 서툴러 서예 시간에 흥미가 없어 이로 지금껏 글씨를 못 쓴다. 그러나 그런 글씨의 열등생이 노경老境에 저명한 서예가 우우임의 글씨를 즐기고 있으니, 어찌 보면 열劣과 우優를 겸비한 듯 자위하고 있다.

우우임(1874~1965)은 20세기 중국의 저명한 서예가 중에서도 가장 뛰어난 윗자리를 차지하고 있는 분이다. 그뿐만 아니라 중국 서예의 역사에서 왕희지체王羲之體 · 안진경체顔眞卿體 등 획을 그어 놓을 만한 서예체의 하나인 '우우임체于友任體'를 장식하고 있다.

우우임은 8 · 15광복 후 장개석蔣介石 정부가 대륙에서 대만으로 쫓겨올 때, 대만의 땅덩어리에 값할 만한 중국의 국보

문화재인 고궁박물관古宮博物館의 유물과 국제적 학자 및 예술가 호적胡適 · 전목錢穆 · 장대천張大天 등과 함께 동반해 오게 되었다. 우우임도 함께 대만으로 대동해 왔을 뿐 아니라 장개석 총통과는 개인적으로 사제師弟의 관계가 있어서 그를 감찰원장의 자리에 모셨고, 매해 정월 초하루가 되면 총통 관저에서 민가로 내려가 우우임에게 세배를 하였다고 한다. 그만큼 장총통은 그를 존중하였다.

나는 1960년 초에 대만에서 연구 생활을 마치고, 1964년 여름 방학을 기하여 재차 대만을 여행하였다. 그때는 서예에 관심이 있어서 우우임의 글씨를 꼭 받고 싶었다. 30대 소장 교수의 신분으로 용기를 가지고 감찰원을 찾아 면회를 신청하였더니, 뜻밖에도 면회가 허락되어 감찰원장실로 안내되었다. 90 노옹의 말은 치아가 전혀 없어 무슨 말인지 알아들을 수가 없었지만, 부원장의 통변으로 서로의 의사가 소통되었다. 나는 수인사를 드린 후 한국엔 "중국에 가서 우우임 선생의 모보毛寶를 못 받으면 헛여행"이란 말이 있다고 했더니, 옹은 빙긋이 미소를 지으면서 써주기를 허락하였을 뿐 아니라, 기념사진까지 찍자고 하여 함께 사진을 찍는 행운도 얻게 되었다.

이틀 후에 감찰원으로 찾아갔더니 옹은 다음과 같은 두 폭의 대련시對聯詩를 건네주었다.

心積和平氣 마음으로는 화평한 기운을 쌓고

手成天地功 손으로는 천지의 공을 이루라

나는 90옹의 글귀와 글씨를 여러모로 감상해 보았다. 대련對聯의 첫글자 '心'과 '手'는 영과 육을 대위시키는 노건老健의 필체에다가 끝글자 '氣'와 '功'은 여성의 부드러움이 함의된 노유老柔의 필체와 중간 글자 '平'과 '地'는 어린이의 치졸한 필체로서 이들 부분 부분의 강剛과 유柔, 우優와 열劣 등 음양상승陰陽相乘의 구도를 통해 대단원大團圓으로 휘감기는 묘미를 맛볼 수가 있었다. 그 대단원의 묘미는 지금 늙어 종착역에 이르는 마당에 더욱 위로를 준다.

나는 귀국하여 우연한 기회에 여초 김응현金應鉉 서예가에게 우우임의 글씨를 보여주었더니 그는 삼탄三歎하였고, 이어서 지금은 고인이 됐지만 시인이며 서예가인 김구용金丘庸 형에게 우우임의 글씨를 보여주자, 당시 구용은 추사秋史의 글씨를 즐겨 한참 모으고 있는 때라, 나의 우우임의 대련對聯 중 한 폭을 추사의 글씨와 바꾸자고 제안했지만 그럴 수가 없었던 것은 한 폭에는 내 이름이 씌어졌고, 또 한 폭에는 우우임의 낙관이 있었기 때문이다.

내가 귀국한 지 얼마 안 되어 한국 신문에 우우임이 와병중이란 기사가 보도되었다. 그 이듬해 초엔 작고하였다는 기사가 이어 보도되었다. 나는 은근히 내가 소지한 글씨가 혹시 우우임의 절필絶筆이 아닐까 생각하던 중, 때마침 서예에도 일가를 이룬 김충열金忠烈 교수가 대만에서 귀국하였기에 알아보았더니 우우임의 절필은 그가 와병중에 어느 스님이 받아간 〈감로사甘露寺〉로 판정이 났다는 것이다.

우우임은 임종에 임박하여 그의 고향인 중국의 대륙을 너무나 그리워한 나머지, 대만의 가장 높은 산에 묻어줄 것을 다음과 같은 유언시로 남겼다.

> 나를 높은 산 높은 데 묻어다오.
> 내 고향 대륙을 보고 싶구나.
> 고향이 보이지 않으니,
> 아! 이 마음이 아플 뿐.

이후 나는 한국과 중국의 국교가 트이기 전 1989년 봄에 북경대학 비교문학연구소의 초청으로 대륙을 여행할 기회가 있었다. 어느 날 아침 북경 청화淸華 대학의 교정을 산책중, 그곳 대학의 게시판에 청화대학생 일행이 이데올로기의 갈등과는 달리 대만을 여행중에 대만의 가장 높은 산에 해당될 뿐만 아니라, 아시아의 지붕인 해발 4천 미터나 되는 옥산玉山까지 올라가서 거기에 세워진 우우임의 동상과 함께 찍은 사진이 게시된 것을 보았다. 그것을 보자 동상이나마 우우임의 유언대로 이루어졌음을 알고 여러모로 새삼 놀랐다.

김병걸 교수를 추모하며

김병걸金炳傑 교수는 한국 당대문학의 리얼리즘 확립에 이론적 · 실천적으로 공헌한 큰 인물이다. 김 교수가 떠난 지 5년이 되어 오는 이때, 나는 그에 대한 추모의 정이 더욱 사무쳐 그의 모습을 보다 널리 세상에 알려 나의 추모의 정을 풀어 볼까 한다.

내가 김 교수와 인연을 맺은 것은 6 · 25동란 중 나의 첫 교단인 김포농업고등학교에서 영어를 가르칠 때마다 학생들은 나의 영어 교습을 들으면서 '전임 영어 교사 김병걸 선생' 운운하며 나의 영어 교습뿐만 아니라 작은 체구와 성격이 김병걸 선생과 꼭 같다고들 하였고, 동료 교사들도 이구동성으로 나와 김병걸 선생의 닮은꼴을 화제에 올리곤 하였다.

당시 김병걸 선생은 경기도의 갑지 고등학교인 인천공업고등학교에서 영어 교사로 이름이 있을 때라, 나는 한번 만나 보았으면 하던 중 동료 교사들이 인천을 내왕하는 가운데 닮은 꼴인 내가 김병걸 선생에게도 소문이 갔는지 생면부지인 나도 김병걸 선생의 천거로 김포에 있은 지 2년 만에 인천공업고등학교 영어 교사로 영전되어 함께 근무하면서 김병걸 선생과 잠시 우정을 나누었다.

당시 김병걸 선생의 인기는 학자적 인품과 진실성으로 교내뿐만 아니라 전 인천을 휘감았다. 그때 나는 애송이 영어 교사로 그의 천거에 의해 시골에서 인천 갑지로 영전돼 갔음에도 나는 김병걸 선생에게 차 한 잔 대접하지 못하였다. 그후 얼마 있다가 먼저 서울로 교직을 옮긴 김병걸 선생과 4년 만에 나는 영어 교사를 그만두고 K대학 대학원에 진학함에 따라 우리는 서울에서 이따금 만나 문학 · 정치 등에 대하여 대화를 나누며 우정을 나누었다.

김 교수는 영어뿐만 아니라 독일어 · 프랑스어 · 러시아어 외에도 6 · 25 동란 중엔 터키 부대에 통역관으로 들어가 터키어를 3개월 동안 속성으로 익혀 영국 군인과 터키 군인의 상호 통역을 담당하리만큼 외국어에 실력과 재능이 있었고, 이를 밑받침하여 인문과학에 대한 다량의 독서로 대학교수가 된 후로는 문학평론에 평생을 전념하게 되었다.

김 교수는 1925년에 함경남도 이원利原의 두메산골에서 빈곤을 대물림하여 태어났다. 15세의 약관에 단신 일본에 건너가서 상업학교를 마친 후, 일본대학 영문학과에 다니던 중 8 · 15해방과 함께 귀국하여 고등학교 영어 교사가 되었다. 6 · 25동란이 터지자 동란의 무질서한 와중에서 강압적으로 의용군에 끌려가 38선 이북 깊숙이 봉산鳳山까지 이르러 고초를 겪다가 죽음을 무릅쓰고 탈출, 사투를 감행하던 중 다행히 UN군을 만나 잠시 통역관으로 있다가 다시 영어 교사의 제자리로 돌아왔다. 1960년대에 영어 교수로서 문학평론에 전념하다가 1999년 76세를 일기로 이 세상을 마감하였다. 이것이 김 교수의 짤막한 이력이다.

김 교수의 문학평론의 출발은 인문학에 대한 다량이 독서로써 1962년 〈에고에의 귀환〉으로 등단, 이어 〈로고스의 궁지窮地〉로 당시 문학과 철학의 사유로 문학평론의 입지를 굳혔지만, 불과 2년 만에 그의 강한 역사와 사회의식은 〈순수와의 결별〉로 평론의 방향을 역사적 · 사회적 현실로 틀어, 1968년에 드디어 그의 리얼리즘문학 이론의 확립인 ≪참여론 백서≫를 작성하여 인간성의 추구와 인간의 존재가치는 역사적인 상황 속에서 창조적으로 행동하는 데만이 있을 수 있다는 논리를 내세워 평생을 리얼리즘문학으로 일관하게 되었을 뿐 아니라, 박정희 · 전두환의 혹독한 군사독재엔 행동으로 참여하여 갖은 고문을 받아 마침내는 불구의 몸이 되기에 이르는, 그야말로 '행동하는 지성인'으로 마무리된 것이다.

나도 평생을 문학을 중심으로 인문과학에 매달려 오다가 80

수를 눈앞에 둔 마당에 문학은 무엇이냐는 담론에 이따금 접하게 된다. 결국 문학은 이성으로 통어된 미학, 즉 '이성적 심미'가 되어야 할 것 같다.

우리나라의 역사적 · 사회적 현실은 등아시아의 지정학적 구도로 늘 강대국 사이에서 치여 왔고, 소수는 깨어 강자를 경고해 왔지만 소위 수구 세력에 의해 희생되어 온 것이다. 문명이 현대적으로 과학화된 이 마당에도 수구 세력과 진보 세력과의 갈등은 미 · 소 냉전을 중심으로 극을 이루어 온 것이 우리의 역사적 현실이다.

이런 점을 고려해 볼 때, 일제 시대부터 오늘날까지의 시대의식은 두 갈래로 반연되어 왔는데 대표적 작가는 바로 '이효석'과 '김정한'이 아닌가 한다. 전자는 순수문학이란 틀 아래 일제의 폭력 · 수탈을 완전 외면한 채 미의 참구에만 전념한 데 대하여, 후자는 역사와 민족 · 사회의식으로 일제의 수탈정치에 저항하는 참여의식에 투철한 것을 통하여 김 교수는 전자는 '시대의식을 외면한 허위의 순응주의'로 혹평을 내리는가 하면, 후자에 대하여는 대표작 〈인간단지〉를 '반인간적이요 반사회적 · 반민족적인 상황에 대한 문학적 저항의 압권'이라고 평한 데 대하여 나도 전적으로 동감이다.

오늘날에도 '순수문학'이니 '참여문학'이니 양분되어 있다. 문학의 순수성(Purity)를 지향한다는 소위 순수문학파는 일제의 민족적 수탈을 외면한 것같이 의인을 구박하고 정상배들에 의해 산출된 군사독재 정권의 비호를 받으며 논리가 궁색하면 '프롤레타리아 혁명의 이데올로기'로 매도해 왔고 지금도 '좌경화'의 색깔론으로 방패막을 일삼고 있음을 감안할 때, 이는 순수가 아니라 순수를 위장한 '거짓의 문학'이요, 오히려 사회와 역사를 강하게 의식한 앙가주망을 표방한 후자가 진실이 바탕된 '순수문학'이라 보아야 할 것이다.

이런 정치적 · 사회적 와중에서 이들 거짓과 맞서 김 교수의 인간적 진실과 인문과학적 지식을 총동원하여 리얼리즘문학을 확립하고 실천하는 데 평생을 바친 김병걸 교수야말로 한국문학사의 한 장을 길이 남겨 놓은 것을 의심치 않는다. 그 뿐만 아니라 그가 독재정권에 시달려 가난하게 살면서도 거짓과 싸워 진실 그대로 산 삶, 그 자체도 우리 사회는 기억해 줄 것으로 믿는다.

김병걸 교수가 떠나면서 다행히 이 땅의 군사독재는 종식되었지만, 민주화 되는 과정에서 군사문화의 찌꺼기는 '신보수'라는 위장 아래 가진 개혁에 딴죽을 걸고 있다. 이때 김 교수가 살아 있다면 어떻게 대응할까. 요즘은 군사독재의 폭력은 사라졌지만, 여든 야든 모두 자유를 흠뻑 누리는 가운데 수구언론들은 '방종'으로 흐르고 있다. 아마 김 교수는 변질된 오늘의 상황에서도 침묵하지 않고 새로운 상황 논리를 찾아 리얼리즘을 재구성할 것이다. 즉 김 교수의 리얼리즘은 이 땅에 부조리가 지속되는 한 '의인의 미학'으로 계속 승화될 것이다.

이번 김병걸 교수의 리얼리즘문학을 뚜렷이 이해하기 위해 재독한 바에 의하면, 어느 작가가 김 교수를 '때 한 점 묻지 않는 천연 그대로인 것'이라 평한 대로 인간적으로나 문체로나 삶의 거짓과 수식이 전연 없는 '천진' 그 모습으로서 대상이 어떻든 직설적으로 표출하는 '사람과 글'임을 재확인할 수가 있었다. 김 교수의 명복을 뒤늦게나마 두 손 모아 빈다.

무료한 하루

오늘은 석가탄일이라, 모처럼 아침 산책의 코스를 바꾸어 인근 불곡산 숲 속에 자리 잡은 골안사 경내까지 진입하였다. 예불은 삼간 채 스님의 리듬 있는 독경 소리를 듣기도 하고, 줄줄이 달려 있는 연등을 보면서 아침 등산을 즐겼다.

집에 돌아오니 날씨는 꾸물꾸물하다가 일기예보대로 비가 내리기 시작, 종일 집에 칩거하였다. 역시 석가탄일을 기념하는 듯, 텔레비전에서는 무료한 대낮에 김동리의 불교 소설 〈등신불等身佛〉이 각색된 영화가 상영되었다.

그 영화 〈등신불〉은 김동리의 원작 소설이 '고락일여苦樂一如'를 주제로 한 듯한 종교적 고뇌의 과정보다는 영화 〈등신불〉을 둘러싼 중국 어느 고찰古刹의 아름답고 고아古雅한 색채와 장식, 시냇물, 녹색 찬란한 풍경, 그 사이를 오가는 스님들의 여유로운 분위기를 풍기는 데서 나는 예술적 황홀경에 푹 빠지게 되었다. 게다가 드물게 노처老妻와 자식까지 함께 오붓하게 즐겼으니 나의 노경老境에 매우 드문 일이었다.

창밖엔 주룩주룩 여전히 비가 내려 무료한 하루를 더욱 센티멘털리즘 속에 빠지게 한다. 그래서 무엇이든 표출하면서 감상문 유類를 이야기하고 쓰고 싶어졌다. 고려시대에 이제현李齊賢이 주룩주룩 비 오는 무료한 날에 낙숫물을 받아서 먹을 갈아 가며 ≪역옹패설櫟翁稗說≫을 썼다는 기분을 회상하면서, 그리고 조선시대 말기에 번역작가 홍희복洪羲福이 노처의 고단孤單을 위로하기 위해 중국 페미니즘의 소설 ≪경화연鏡花緣≫을 번역하여 읽힌 분위기 속에서 무엇이고 쓰고 싶은 충동을 강하게 느꼈다.

이 영화에 각색된 김동리의 원작 〈등신불〉에 대하여 일찍부터 관심을 갖게 된 동기와 〈등신불〉을 둘러싼 배경에 대해 식구들에게 이야기하기 시작했다.

1960년 4 · 19 후의 일이다. 나는 존경하는 사학자 k교수를 인사차 배방한 적이 있었다. 세태에 대한 이모저모의 이야기를 나누다가 k교수는 당시 독서계에 회자되던 ≪사상계思想界≫에 실린 김동리의 〈등신불〉을 읽고, 그것이 지닌 문헌설화를 바탕으로 깊은 감명을 받았다는 말씀을 피력하였다. 나는 귀로에 그 ≪사상계≫를 사 가지고 와 읽고 명작임을 확인하였다.

이후 그 〈등신불〉은 실화로서 감동을 준 명작이라서 그런지

중등학교 교과서에까지 등재되었다. 〈등신불〉의 문헌설화는 학계에도 관심사가 되었다. 내 제자 C교수는 그 문헌설화가 그가 전공하는 설화와 연계되어 그 출처를 알기 위해 두 번이나 작가에게 서신으로 부탁했지만, 그 작자는 아무런 응답이 없었다. 그 외에 내 친구 K교수는 불교에도 해박한 이름 있는 시인으로, 작자와도 친분이 있어 역시 그 문헌설화의 출처를 알고 싶다고 하니까, 작자 김동리는 불교에 해박한 K시인까지 속을 줄은 몰랐다고 그 무릎을 치더라는 것이다. 이를 듣고 나는 〈등신불〉의 바탕을 이룬 그 문헌설화가 출처가 없는 허구의 기록임을 확적하게 알 수가 있었다.

그 후 1990년대에 나는 한·중 국교가 트인 후, 중국의 옛 서울 서안西安을 여행했던 길에 〈등신불〉의 지리적 배경이 된 향적사香積寺를 참관할 기회가 있었다. 그 유난히 무더웠던 여름날에 허허벌판에 세워진 향적사는 쓸쓸하기만 하였다. 그 향적사는 당나라 스님 정토종正土宗 선도법사善導法師를 기념키 위해 세워진 고찰일 뿐, 〈등신불〉과 연계된 하등의 관계가 없어 〈등신불〉의 배경이 된 향적사도 작자가 참관해 본 일이 없는 것임을 짐작게 하였다.

요즘 나는 동서인 C씨를 만났다. 그는 일찍이 김동리의 애제자로서 〈등신불〉이 집필될 당시 김동리를 찾았을 때, 이 작품의 배경이 된 향적사의 거리를 책정하기 위해 중국 지도를 펴 놓고 자로 일일이 거리를 재면서 집필하였다는 것을 듣고,

〈등신불〉의 근거가 된 문헌설화도 허구인 데다가 향적사도 작자가 참관해 본 적이 없음을 확적히 알게 되었다는 것이다.

소설이 '허구'인 한, 인물 · 배경 등의 설정은 자유로이 허구로 이루어질 수 있겠지만, 들은 바에 의하면 톨스토이가 ≪부활≫을 창작할 때, 주인공의 감옥 생활을 구상키 위해 실제로 ≪부활≫의 배경이 된 감옥을 답사하여 몸소 체험하였다는 것이다. 이런 문제가 '픽션'에도 개입되어야 한다면, 〈등신불〉의 배경이 된 향적사만 하더라도 실제 현지답사가 이루어졌어야 할 것이 아닌가 한다.

이야기를 오후 늦게 마치고 나니 날씨는 어두워지면서 쏟아지는 비에 번개까지 이따금 쳐 저녁부터 밤까지 전개되는 예년의 연등회의 화려한 가두놀이는 완전 무산되고 말았다. 쏟아지는 비로 인해 저녁을 먹고도 역시 칩거하여 저녁 늦게까지 텔레비전으로 무료를 달랬다. 텔레비전의 프로는 역시 석가탄일을 축하하는 듯, 한국에 와 있는 스리랑카의 노동자로 집성촌을 이룬 안산의 노동자들이 석가탄일을 기해 가난 속에서도 서로 돕고 위로하며 왕래하는 흐뭇한 광경으로 일관되었다.

우중으로 종일 집에 칩거하여 무료했던 하루와는 달리, 모처럼 식구들이 모여 영화 〈등신불〉을 감상하고, 거기다가 스리랑카의 노동자들이 어느 스님의 지도하에 외지 생활의 답답한 가난 속에서도 상부상조하는 흐뭇한 모습을 본 것은 나의 노경에 노처와 함께한 모처럼의 즐거움이었다.

≪구운몽≫의 미학美學

≪구운몽≫은 알다시피 서포 김만중(1637~1692)에 의해 하룻밤 짧은 시간에 지어졌다고 한다. 나는 이를 40년이란 기나긴 느린 걸음으로 주물러 왔으니 이같이 못난 굼벵이가 어디에 있을까 하고 자문한 적이 한두 번이 아니다. 한편 다행인 것은 이런 게으름뱅이에게 그간 주변에서 밥을 먹고 살게 하였음을 생각하면 서포 김만중에게 감사하다는 말씀을 드리고 싶다.

≪구운몽≫의 구성은 큰 틀뿐만 아니라, 작은 틀까지 드물게 조화를 이루어 잘 짜여져 있으니 정말로 나무랄 데가 없는 거작巨作임은 이구동성으로 찬하는 말이다. 그러나 더욱 뛰어난 것은 사상의 갈등이나 충돌을 해소시키는 동양사상의 근저根底를 담아 놓았다는 것이 아닌가 생각된다.

≪구운몽≫의 주인공은 잘 알려진 대로 성진性眞이다. 하지

만 ≪구운몽≫의 성진 이야기는 성진의 환생幻生인 양소유楊少游의 이야기가 90퍼센트를 차지하고 있을 뿐더러, 양소유의 기나긴 여성편력과 부귀공명에 매혹되어 독자들은 거의가 양소유를 주인공으로 생각하여 ≪구운몽≫의 이름을 '양소유전'이라고 하는 이본까지도 등장하게 되었다.

≪구운몽≫의 수용미학적 측면에서 본 소설이 나온 당시부터 주인공 성진을 중심으로 본 소설의 주제를 '인생 부귀공명의 일장춘몽'으로 파악해온 것이 근대까지 그렇게 파악되어 왔고, 오늘도 일반 독자들은 대부분 그렇게 보고 있다. 전공자인 나도 예외가 아니다. 1960년 초 한창 '구운몽연구'에 열을 올릴 때, 일장춘몽을 중심으로 이 소설의 배경사상을 논술한 적이 있으니 말이다. 하지만 본 소설에 숨겨진 주인공은 성진뿐만 아니라 양소유도 크게 함의되어 있음을 놓쳐서는 안 될 것이다. 즉, 형식적인 주인공 성진 쪽에서 보면 '일장춘몽'이지만, 양소유 측에까지 확대하면 일장춘몽은 형식적인 주제일 뿐, 작자가 노린 보다 포괄적 주제는 '성진과 양소유'. '현실과 꿈', '몸과 마음'을 하나로 융합하는 대오大悟의 주제로 정착된다는 것이다. 이것이 말하자면 시비是非의 둘을 하나로 휘감는 '금강경金剛經의 공관空觀'을 소설화한 김만중의 위대함이다.

≪구운몽≫의 '공관'적 주제는 동양의 유·불·도를 융합하여 동양사상의 근저를 드러내는 데 성공하였다. 이 소설이 지닌 동양사상의 근저는 일찍이 캐나다 선교사 게일 박사(James

Gale 1863~1937)가 극동사상을 서구인에게 소개하기 위해 ≪구운몽≫을 영어로 번역한 영역본을 읽고, 소감을 쓴 바 있는 Elspet K. Robertson Scott가 어느 누구보다도 먼저 파악하여 그 사상적 주제를 '중국혼의 가장 깊숙한 침실(Innermost Chambers of the Chinese Soul)'이라고 한 것은 정말로 ≪구운몽≫의 기저를 찌른 정곡正鵠이 아닐 수가 없다. 여기에 덧붙이면 화란인 동아시아 문학자 고 Fritz Vos 박사도 구운몽의 애독자였을 뿐 아니라, 화란의회에서 극동사상의 문제가 재기되었을 때, ≪구운몽≫을 대표로 들고 거론하였다는 말을 그에게서 직접 들은 바 있다. 지금 생각해 보면, 역시 그가 구운몽을 읽은 것은 게일 박사의 영역본일 것이므로 그에게는 자연 Robertson Scott의 '중국혼의 가장 깊숙한 침실'이 그의 머리에 스몄을 것으로 짐작된다. 인간과 자연의 질서는 우주의 질서 속에서 모두가 하나이면서 둘이고, 동시에 둘이면서 하나이다. 이것이 말하자면 유 · 불 · 도를 관통한 동양사상의 근저인 것 같다.

동양인인 우리 스스로가 못 보는 '동양사상의 근저'를 Robertson Scott가 피안에서 들여다본 것이 아닌가 한다. 오늘날 21세기에 들어와서도 인간과 자연의 질서를 잡아 놓아야 할 '정치'는 상대를 인정하지 않는 소위 일방주의로 한국의 정치는 아직 보 · 혁의 구도가 자리를 못 잡고 혼미의 와중을 맴돌고 있다. 그것은 소위 진보 측보다는 수구집단의 이기주의가 강하게 작용되기 때문이다. 우리의 정치적 과제는 이성주의에 입각하여 보수와 진보가 서로 이해하고 채워 줄 진정한 보·혁의 구도가 절실한 현실이다.

인간역사의 질서는 음양상승陰陽相乘에 따라 '너와 나(toi et moi)'가 끊임없이 만나면서 이루어져 왔고 지금도 이루어지고 있다. 이런 상황에서 볼 때, ≪구운몽≫의 주제와 사상이 금강경이 바탕되어 '성진과 양소유', '현실과 꿈', '몸과 마음'이 하나로 어울리게 한 미학은 극동지역에서는 드물게 나타난 거작이라 생각되며, 오늘날 한국의 정치질서가 혼미에 빠진 카오스의 현상을 코스모스로 돌려놓을 수 있는 훌륭한 지혜가 아닌가 생각된다.

피천득의 〈황무지〉

피천득 선생이 지난 5월 25일 별세하셨다. 장안이 거의가 애도의 정을 표시하였다. 수필문학계의 거인일 뿐 아니라, 서정시에도 많은 애독자를 지닌 데다가 인품도 온화와 순수 속에 강직함을 지니셨고, 게다가 97세로 한국문학사상, 어찌 보면 세계문학사상 최장수를 누린 산문작가이며 시인이시다. 이 글을 엮으면서 나도 뒤늦게나마 깊은 애도를 표하는 바이다.

나는 8 · 15광복 후, 곧 성균관대학에 들어가 영문학에도 뜻이 있어 1948~9년경엔 변영로卞榮魯 선생에게선 오스카 와일드의 ≪옥중기(De Profundis)≫를, 채관석蔡官錫 선생에게선 존 밀튼의 ≪실락원(Paradise Lost)≫을, 장익봉張翼鳳 선생에게선 윌리엄 셰익스피어의 ≪햄릿(Hamlet)≫을, 피천득 선생에게선 T.S. 엘리엇(1888~1965)의 〈황무지(The Waste Land)〉

를 각각 경청하였다. 이분들은 모두가 피천득 선생을 마지막으로 이미 고인이 되셨다.

당시 피천득 선생은 서울대학 영문과 교수로서 그때는 교수가 부족하여 두 대학의 전임이 허용되던 때라, 성균관대학에서도 전임의 신분으로 강의가 이루어진 것 같다. 피 선생은 당시 영시를 담당한 소장교수로서 영문학사상 그 많은 서정시를 제쳐놓고 왜 세기의 난해시 엘리엇의 〈황무지〉를 텍스트로 택하셨는지 충분한 사전 설명이 없어 알 수가 없었다.

피 선생은 〈황무지〉를 강의하는 초두에, 그 난해성을 설명하여 말씀하기를, 〈황무지〉가 당시 고려대학 소장교수인 이인수李仁秀 교수에 의해 모 월간지에 번역된 것을 보고, 새벽같이 이 교수를 찾아가 그 난해성에 대해 설경을 요청하자, "나도 모르는 상태에서 번역하였다."는 그 답이 전제가 되어 한 학기의 강의가 이루어졌다.

강의래야 〈황무지〉의 익히 알려진 첫행 "4월은 가장 잔인한 달(April is the cruellest month)"에서와 같이 낱말의 우리말 풀이 이상이 없었고, 군데군데 산견되는 영어 외의 외국어, 즉 인도의 산스크리트어를 비롯한 외국어는 모두 생략된 채 낱말풀이 이상 더 보완된 것이 없어서 지금 회상해 보아도 마치 털털거리는 차로 터널을 희미하게 통과한 기분이다. 피 선생의 〈황무지〉 강의가 진행될 당시, 때를 맞춘 듯 ≪타임(Time)≫지의 표제에 엘리엇의 인물 사진과 함께 제목도 '읽혀지지 않는 시(Unreadable

Poetry)'로 〈황무지〉의 난해성이 보도된 것으로 기억된다.

피 선생의 〈황무지〉 강의가 이루어진 후, 50년 만에 나는 고려대학의 K교수를 만나 〈황무지〉의 난해성을 둘러싼 피천득 선생과 이인수 교수의 이야기를 들은 적이 있다. 이때 K교수는 본시 T대학 영문과에 다니다가 고려대학의 이인수 교수의 이름을 듣고 고려대학으로 진학하였다는 것과 이인수 교수가 당시 〈황무지〉를 번역할 때, 함께 참여하였다는 새로운 정보도 아울러 들을 수 있었다.

이로 볼 때, 〈황무지〉가 1922년 엘리엇에 의해 저작된 지 26~7년 만에 한국에서는 이인수 교수에 의해 처음으로 번역이 이루어지고, 동시에 피 선생은 최초로 이 시로 강의에 임한 것을 생각한다면, 이 교수와 피 선생은 〈황무지〉를 최초로 우리나라 독자들에게 알린 수용미학적 공로자로 기억되어야 할 것이다.

현재는 〈황무지〉의 번역이 이인수 교수의 번역을 시발로 양주동 선생, 이창배 선생, 황동규 교수 등 여러 종류의 번역이 이루어져 있다. 하지만 〈황무지〉의 난해성에 대하여는 꼭 이렇다고 내세울 만한 풀이가 없는 것으로 알고 있다. 흔히들 전문가들 사이에서도 〈황무지〉의 주제가 '문명사의 비판'이라느니, 또는 '종교를 상실한 현대문명의 황폐성을 노래한 시'라느니 담론이 '백가쟁명百家爭鳴'의 언설로 나돌고 있지만, 작자는 어느 것도 동의하지 않았다고 한다. 심지어 어떤 전문가는 '주제와 사상을 따질 필요가 없고 다만 독자 나름대로 감동을 받아야 하는 예술'이라고도 한다. 어떤 전문가는 〈황무지〉는 4백여 행으로 이루어진 기나긴 장시에다가 낱말 하나하나가 지닌 뜻과 소리 및 분위기를 교합하면서 신화와 철학, 사회와 역사 등을 모두 버무려 만든 문화의 총체적 작품이기 때문에 보다 객관화된 풀이는 1세기 후에나 가능할 것이라는 말을 했는데, 국외자인 나도 이것이 옳은 것 같다.

피천득 선생의 일생은 누구라도 동의하듯이 인품이 어린이같이 천진天眞한 데다가 부드러움 속에서도 정의로 일관하였고, 수필이건, 시건 모두가 수용할 수 있는 '순수한 예술'을 즐기고 창작하였다는 데 있다. 하지만 광복 후, 우리나라 초창기 대학 강단에서 세기의 난해시 〈황무지〉를 텍스트로 하여 반응이 없는 학생들에게 강의를 수행한 의도는 알 수가 없다. 소장 교수로서 미지의 시 세계를 탐구하려는 의욕에 있지 않았을까 조심스럽게 짚어보고 싶다.

그러면서도 한편 피 선생의 문학론을 대표한다고 생각되는 〈수필〉에 의할진대, '심오한 지성을 내포한 문학'을 긍정적으로 보지 않은 것으로 보면, 서양의 보들레르 · 말라르메 등 일련의 난해한 세기말의 시라든가, 또는 우리나라의 이상李箱 · 김구용金丘庸 등의 난해한 시에 대하여는 구십 노경에 어떻게 재단하셨는지 궁금할 뿐이다. 이들의 문제가 피천득 선생의 문학관에 어떤 모습으로 작용됐는지는 앞으로 풀어보아야 할 흥미있는 과제가 아닌가 싶다.

玄潭 兄을 보내며
롤렉스와 돌핀
찰나의 영겁
영원한 질서
등영초登穎超의 거룩한 죽음
떠버리 교수와 버버리교수
初雪과 니르바나
食客의 학문
回甲과 鬼女譚
대학을 물러나면서

玄潭 兄을 보내며

玄潭 兄!

兄이 가셨다는 訃音을 듣고 저와 제 식구들은 정신을 잃은 듯 한동안 깊은 沈痛속에 잠겼습니다. 兄과 같이 착한 사람에게도 죽음이 빨리 있어야 하는가고 한참 天道를 의심했습니다. 한편 깊어가는 밤 沈痛 속에서도 저는 兄의 六十平生을 곰곰이 정신을 가다듬으며 생각해 봤습니다. 유년시절 · 청년시절 · 장년시절 · 노년시절 兄은 한결같이 眞實하고 청년결백하고 착한 一生이었습니다. 정말로 훌륭했습니다.

약 20日前 兄이 病床에 계시다는 소식을 듣고 달려갔을 때, 兄의 초췌하신 모습을 보고 머지않아 앞날을 예감했습니다. 저는 멍한 정신을 가다듬으면서 하나님께 속히 快愈케 해달라고 매일 새벽 端坐하여 기도를 드렸습니다. 제가 하나님께 성

정성껏 기도드린 뜻은 두 가지가 있습니다.

하나는 兄은 平生 가정에서나 학교에서나 사회에서나 오로지 孔子님의 仁을 實現한 듯 惡과 不義를 멀리하고 남을 위해 궂은 일을 도맡아 하는 奉仕만으로 一貫해 오신 철저한 東洋의 君子이십니다. 참으로 孟子님의 仰不愧於天을 실현하셨습니다.

또 하나는 兄은 나이가 六十이지 건강하시어 아직도 兄의 人格과 學問을 배워야 할 많은 弟子들이 있고, 또 兄의 仁德을 아끼고 필요로 하는 동문들이 많이 있기 때문입니다.

그러나 저의 때묻은 기도는 아무런 효험이 없어 兄은 영영 가셨습니다.

兄의 人格뿐만 아니라 學問도 孔夫子學의 진수를 엿볼 수 있습니다. 兄은 靑年시절부터 孔夫子의 學에 심취되어 특히 '周易'을 좋아했고, 오늘날 老年에 이르러는 '退溪學'에 누구보다도 一家를 이루었다고 봅니다. 그것은 유학의 진수인 兄의 人格과 學問이 조화를 이룬 바탕에서 이룬 것이라 봅니다.

玄潭 兄!

외아들로 태어난 兄은 孝에서도 남다르신지라 6·25동란 후 老親을 北에다 두시고 남몰래 思親淚로 望鄕의 아픔을 달래시더니 魔의 38線은 끝내 兄으로 하여금 再會의 기회를 막고 영영 가시게 했습니다.

또 저의 동문들은 兄의 훈훈한 人格으로 보금자리를 만들어 한창 좋은 시간을 가질 수 있는 이 때, 兄은 원망스럽게도 그냥

가셨습니다.

그러나 한편 저의 同門들에게 희생일로로 德을 베푸는데 많은 피로가 兄으로 하여금 이 세상을 떠나게 한 것이 아닌가 적이 두려워집니다. 다만 兄을 잃은 저희 同門들은 멍하니 하늘을 우러러 원망할 수밖에 없습니다. 그것은 너무나 착한 兄을 아직도 할일이 많은데 데려갔기 때문입니다. 天道는 無心하다는 것을 兄의 경우를 두고 하는 말인지 모르겠습니다.

玄潭兄

이제 저희 同門들은 兄을 잃고 슬퍼만 할 수는 없습니다. 兄이 병상에서 병마를 원망하지도 않고 生死를 초월한 듯 평소와 다름없이 미소지으며 따뜻이 대해주신 兄의 최후시간에서 저희 同門들은 兄의 굳건한 生死一如의 인생관과 德을 배울 수 있었습니다.

뿐만 아니라 남겨놓으신 兄의 高貴한 人格은 길이 저희들의 귀감이 될 것이며 저희들은 이를 바탕으로 이 일그러진 세상에 兄의 人格을 이어나가겠습니다.

玄潭 兄.

끝으로 兄이 지으신 望鄕詩一首 祭寃을 바치노니 고이 잠드소서.

南北二十年 依然各春秋

山河何日定 朝暮望雲情

— 1984. 5. 25.

롤렉스와 돌핀

지금은 시계가 너무 흔해 빠진 물품이 되고 말았지만, 60여 년 전 내가 코흘리고 딱지치기하던 대여섯 살 때를 회상해 보면, 당시엔 시계보다 귀한 것이 없었던 것으로 안다. 나는 서울 변두리 소위 구석말 현 마포구 망원동 한강변에서 태어나고 자랐는데, 그때 20여 가호 중에 시계를 소유한 가호는 불과 두서넛으로 기억된다. 우리 집의 시계가 태엽을 안 감거나 혹시 고장이 나서 서게 되면 으레 이집 저집으로 다니면서 시간을 알아 가지고 오는 심부름을 자주 한 것으로 기억된다.

내가 중학생 때도 시계가 귀한 것은 예외가 아니었다. 가령 기념사진을 찍을 경우, 손목시계를 소유한 것을 과시나 하듯, 시계를 찬 손을 유난히 드러내어 사진을 찍곤 하였다. 그래서 나는 흔해 빠진 요새에도 시계를 매우 귀중품이나 가진 듯이 애지중지하는 습관이 있다.

시계 중 왕자라는 롤렉스는 알다시피 최고급의 시계로 상지되어 왔다. 지금도 실은 일본의 소위 세이코가 시계의 실질적 기능을 띠고 인기를 끈다고 하지만, 아직도 롤렉스가 혼례용 등 고급선물용으로 일반화되어 가난한 나라가 어찌되자는 건가 뜻있는 사람들은 적이 기우마저 가진 적이 있었다. 그러다가 요사이 한국 경제가 고도로 성장되기 시작하여 후진국 수준을 훨씬 벗어나면서부터는 오히려 롤렉스가 절대적 선호의 대상에서 벗어난 것은 다행한 일이라고 생각된다.

나도 롤렉스가 인기절승했던 1970년대 초에 대만의 여행길에 그곳에서 롤렉스를 구입할 수가 있었다. 그것은 물론 가짜 롤렉스, 당시 대만과 홍콩은 가짜 롤렉스가 한창이었으니까. 내 주제에 진짜를 못 가질 바에야 젊은 기분에 가짜를 찼지만 진짜인 듯 애지중지 차고 다녔다. 실은 당시만 해도 전문 감정가 이외에는 진짜 · 가짜가 판별되지 않을 때이니만큼 그 누가 가짜를 진짜가 아니라고 하랴! 이럭저럭 이를 3년 동안 차고 다니는 동안에 나 자신도 가짜를 망각의 세계로 보내고 한때 더욱 애지중지 차고 다녔다.

롤렉스는 물론 가짜이건 진짜이건 거기에 표시된 시간은 기껏해야 날짜와 요일, 그리고 초침까지 있을 뿐, 요새 전자시계에서와 같은, 말을 하자면 월 · 일 · 요일 · 초는 물론이고 잠수용에다가 하물며 작동 여하에 따라 초의 초를 알리는 쾌초快秒

의 기능이 없고, 태엽도 일, 이년에 한 차례 약을 갈아 주어 지속적 시간을 유지해 줄 수 없는, 많은 단점을 지니고 있다. 그럼에도 불구하고 롤렉스가 아직도 권위를 가지고 있음은 무슨 이유일까?

시계의 본질은 아무리 생각해도 시간의 정확성을 알리는 데 있다. 시간의 정확성에 있어서도 롤렉스가 비록 장치로는 고급일 경우 금·보석의 액세서리로 장치되어 부와 권위를 과시하지만, 손쉽게 구할 수 있는 전자시계보다 정확하다는 것을 보장 못하고, 오히려 뒤진다고 생각되는 바에야, 확실히 롤렉스의 선호는 허세·허영의 일종인 것 같다.

나는 지난 20여 년 전에 가짜 롤렉스를 애지중지 차고 다니던 것과는 달리, 요새 늙어가면서 롤렉스를 소유하고 싶은 강한 충동을 이따금 느끼게 되었다. 그것은 내가 죽은 후에도 내가 찬 롤렉스를 자식에게 주고, 자식은 또 그 다음 자식에게 전하여 말하자면 가문의 권위를 유지하는 세전世傳에 안성맞춤인 것 같아 그런 충동을 이따금 갖게 되었다.

그러나 진짜 롤렉스는 특히 거기에 금이나 보석이 부착되는 경우면 나에겐 감당할 수 없는 값이 이루어지기 때문에 그런 것을 구입하는 자금은 물론, 방법도 그리 용이한 일이 아니라서 늘 구해볼 궁리를 가질 뿐, 실행을 옮기지 못하고 있었다.

그런 가운데 자식놈이 늘 차고 다니던 전자시계가 유난히 눈에 띄기 시작하였다. 처음은 아이들이나 차고 다니는 장난

감 같아서 대견스럽게 생각되지 않았다가 다만 나의 조기등산早起登山에 스포티한 것에 알맞을 것 같아 거리에서 전자시계를 2만여 원 주고 하나를 구입하였다.

상표는 돌핀Dolphin 즉 돌고래의 그림도 그려져 있었다. 늘 아침 등산용으로 차니 가볍고 스포티해 좋았고, 산에서 혹시 잃어버린다 해도 값이 싸니 아까울 것이 없었다. 그 외에 외출할 때에는 좀더 고급스런 론진을 차고 다녔다.

그러나 론진이 비교적 고급시계에 속하지만 불편한 것은 돌핀보다 무거운 데다가 날짜 · 요일은 말할 것도 없고, 더구나 밤이면 야광장치가 없어 불편을 느끼곤 하는 통에 낮이든 밤이든 돌핀을 상습적으로 차고 다니게 되었다. 더구나 무료한 시간이면 돌핀에 숫자로 표시된 시간 · 분 · 초의 상관대응이 연속적으로 질서정연하게 돌아가는 그 전자의 신비성을 상념하며 우두커니 바라볼 때면, 무슨 구상이라도 하는 듯, 이따금 무아無我의 정념情念 속에 도취될 적도 있다.

지난 여름방학엔 중국 대륙을 종횡으로 횡단하는 장거리 여행에도 돌핀을 차고 다니면서 시간 · 날짜를 정확하게 확인한 것은 말할 것도 없고, 객지에서의 새벽이면 거기에 부착된 자명종自鳴鐘 장치로 여행 중의 이른 새벽의 스케줄도 계획대로 능히 수행하게 해 준 것을 생각할 때, 그 돌핀의 고마움을 만끽하지 않을 수가 없었다.

이제부터는 내 몸에서 떨어질 수 없는 돌핀은 나의 남은 생애도 지난날 가짜 롤렉스가 애지중지된 것같이 나로부터 분리될 수 없는 확고한 동반자가 된 것이다.

롤렉스와 돌핀, 둘 사이에는 값에 있어서 극과 극의 대조를 이루고 있지만 기능면에 있어서도 그와 못지않은 역기능의 대조를 이루고 있음은 물론이다. 하나는 기백만 원 내지 기천만 원의 고가高價이지만, 다른 하나는 일, 이만 원, 전자는 태엽도 일일이 신경을 써야 하고, 게다가 요일과 날짜만 표시된 데 대하여, 후자는 태엽에 전연 신경을 쓸 필요가 없고, 달수 · 날짜 · 요일은 말할 것도 없고, 스포츠용 쾌초, 게다가 야간용 발광과 자명종 등이 부착되어 있어서 기능면에서 롤렉스가 돌핀을 당해낼 수가 없다. 그밖에 견고성에 있어서도 전자의 금 · 보석이 불멸의 것이라고 하지만, 후자의 플라스틱도 그와 못지않은 불변성과 견고성을 지니고 있는 것으로 알고 있다.

나는 이제부터 동반자 돌핀을 애지중지 나의 여생 고이 지니고 있다가 내가 하직하는 날, 나의 자식에게 세전世傳으로 전해주려 한다.

— ≪기독교 수필(3)≫, 1993. 12.

찰나의 영겁

이 해도 저물어 간다. 이제 내 나이 70의 고희古稀를 넘어서려는 늦가을이다. 단풍도 순간, 낙엽의 계절이 이미 시작됐다. 우리 집 정원에는 감나무부터 낙엽이 우수수 떨어지기 시작한다. 머지않아 예년과 같이 그 낙엽의 물결은 대추나무 · 벚나무 · 살구나무를 거쳐 나의 서재의 전경前景을 장식한 마지막 잎새의 역할인 목련나무로 이어질 것이다. 70고개를 넘으면서 아무리 우겨대도 일러야 늦가을, 겨울의 문턱에 들어선 것은 확실하다. 얼마 남지 않은 여생에 무엇을 하여야 하느냐보다는 생의 종말을 의식한 듯, 순간순간 움직이면서도 이따금 엄습해오는 둥지의 의식에 스며들어간다. 나는 과연 어디로 간단 말이냐. 이를 생각하면 나는 확실히 인생의 종착역에 와 있는 것 같다.

인생의 가장 큰 문제는 요새 같아서는 어떻게 사느냐보다는 어떻게 죽느냐의 문제가 더 큰 것 같다. 약 50년 전 해방이 되던 그 이듬해에 대학의 교양 영어로 흔히 사용되던 ≪인생의 효용(Use of Life)≫의 첫 장에 인생의 가장 중요한 문제로 '어떻게 사느냐(How to live)'.가 장식된 것이 실감있게 그리고 뜻있게 당시 나와 같은 젊은 청년들의 마음을 울린 바 있다. 그러나 50년이 지난 지금의 노경老境에 이르러는 '어떻게 사느냐'가 아니라, '어떻게 죽느냐(How to die)'가 가장 중요하고 절박한 문제로 제기되고 있다.

나는 한참 젊었을 적엔 '삶'이란 말이나 '죽음'이란 말은 희비의 실감을 떠나 살아 젊은 것도 좋고, 늙어 병들어 죽는다는 것도 모두가 낭만적인 관념의, 다분히 미학적인 언어 작용을 하였었고, 그 후 중년에 들어서는 어떻게 생각되었는지 별로 기억이 나지 않으나, 60대 초반, 초로初老의 경지에 이르러는 죽음이 지옥의 문제와 맞물려 한때 공포감에 사로잡힌 때도 있었지만, 이를 고비로 하여 현재 고희의 경계에 이르러는 삶과 죽음(無), 죽음과 삶의 꼭 같은 일직선의 고리로 인식되었다. 더 부연하면, 인생의 본고장은 삶에 있는 것이 아니라, 죽음을 계기로 영속되는 동양적 무에 있고 이를 바탕으로 그것이 더욱 중요하게 받아들여지게 되었다는 것이다. 즉, 삶은 찰나剎那요, 죽음을 계기로 영속되는 무의 세계는 영겁永劫이라는 것이다.

그러면 삶과 무를 연결짓는 죽음이란 과연 어떤 것이냐? 죽음의 확실한 실체는 삶과 무, 순간과 영원을 경계짓는 섬광적 관념의 고리로서 죽음의 문을 통하지 않고는 영원한 무로 들어가는 방도가 없다는 것이다. 즉, 생과 무를 연결하는 필수적 요체의 관문이라는 것이다.

하지만 인간은 죽음을 두려워한다. 흔히 선인들이 죽음을 풀이하여 "죽기 전에는 결코 죽지 않고, 죽은 뒤에는 죽음을 의식하지 않는다."던가, 아니면 "삶이 끝나고 죽음이 시작되는 것이 아니라 삶이 끝나면 죽음도 동시에 끝난다."하여 죽음의 예감적 공포를 줄여본다고 하지만, 역시 인간은 죽음을 엄연히 두려워한다.

죽음의 예감적 공포는 어디에 있을까? 삶의 확실한 실상은 사랑하는 처자와 친구와 함께 시간과 공간의 영원한 수레바퀴 속에서 애증愛憎·득실得失·영췌榮悴·희비喜悲의 갈등으로 한때 맴돌다가 죽음을 통하여 영원한 무로 되돌아가는 것이라고 볼 때, 왜 인간은 죽음을 두려워하여야만 하는가? 더구나 현실의 갈등이 극심한 경우, "죽고 싶다."(극소수는 자살도 감행하지만)고 울부짖으면서도 삶을 택하는 것은 과연 무엇일까? 그것은 삶에 대한 단순한 본능적 애착인 것 같다. 혹시 인간이 삶의 애착이 없는 것을 가상한다면, 모두가 자살하여 인류의 종말로 종결되어 결국은 역사와 문화가 단절될 것을 우려한 나머지 조물주가 인간에게 생이 애착을 선천적으로 부여한 것 같다. 그러므로 생에 대한 애착은 역사와 문화가 존재하는 한, 그것은 원동력으로서 비겁함이 아니라 너무나 떳떳하고 당연한 것이다. 어찌 보면 짤막한 삶을 통해 영원한 무의 세계가 얼마나 고귀하고 거룩한 것인가를 경험적으로 확신시키기 위해 생의 애착이 주어진 것 같다.

삶과 대對를 이루고 있는 죽음(무)이란 무엇일까? 무의 세계는 도저히 경험할 수가 없는 불가지不可知의 세계이겠지만, 대의 세계가 단절된 절대의 세계인 것만은 능히 짐작할 수가 있을 것이다. 즉, 우리가 대로 이룬 현세적 갈등의 삶의 그 이전의 것에 대하여 그것이 무엇인지 전연 짐작할 수가 없는 무의 대상인 것같이, 삶 이후의 무의 세계도 역시 그와 동류의 것이라는 것을 가상함이 최대의 접근인 것 같다. 소크라테스는 사형의 언도로 독약을 마시고 하지부터 썩어가며 죽어가는 순간, 죽은 후의 세계를 '악몽이 없는 편안한 숙면의 상태'로 받아들이면서 도피하라는 제자들의 애절한 말도 뿌리치고 조용히 죽음을 맞이하였다. 즉, 대가 단절된 무의 세계는 소크라테스의 '편안한 숙면의 세계'보다 한 차원 초극한 차원의 '영원한 휴식'으로 가상하면 어떨까 한다. 이것이 말하자면 청정淸淨의 세계로서 무無요 공空이요 천당이요 구원이요 극락이요 니르바나의 세계일 것이다. 니체의 '영원한 회귀回歸'나 미국 소설가 스타인벡의 '대령大靈에서 나서 대령으로 돌아간다.'는 것도 동양의 정적 표현인 무에 대한 서양의 동적 표현 외에 다름이 아닐 것이다.

그러므로 우리에게 실존하는 것은 시간과 공간에서의 갈등의 생과, 그리고 시간과 공간을 완전 벗어난 청정무구淸淨無垢의 무일 뿐이다. 즉, 죽음은 생과 무를 구획 짓는 관념적 선으로 생의 규준에서 보면 끝이요, 무의 규준에서 보면 시작인 것이다. 거기서 되풀이되는 말이지만, 생이란 것은 아무리 길어야 8 · 90년, 영원한 무에 비하면 순간의 순간인 찰나로써 그것은 결국 영원한 무의 대단원으로 포섭되기 때문에 이 무한한 우주에는 무만이 충만한 것이다. 이때의 무는 유와 대립되는 상대적 무가 아니라, 유를 휘감는 절대적 구체적 무인 것이다. 노자老子의 '대초유무大初有無'나 주희朱熹의 '태극이무극太極而無極'도 이런 차원에서 이해되어야 할 것이다. 또한 생과 사와의 관계도 음陰과 양陽, 이理와 기氣, 아트만과 브라만의 찰나와 영겁의 이원적 구도로써 마침내는 무의 일원적 대구도로 귀속되어야 한다는 것이다.

이와 같이 찰나에 불과한 생은, 영원한 무에 비하면 너무나 허무한 존재이다. 하지만 찰나의 생이 끝나는 영원한 무로 흡수 통합되면서도 한편 다행히도 찰나의 삶 속에서 능히 천공天公의 기호품인 역사와 문화가 창조되어지기 때문에 결코 허망한 존재는 아니라는 것이다. 즉, 짧은 생은 영원에 준한 역사와 문화를 만들어놓기 때문에, 여기에 비로소 그 생의 존재의 당위성이 있게 된다는 것이다.

거기서 생은 역사와 문화로 말미암아 영원에 비견되는 시간과 공간의 폭을 획득하게 되므로 우리는 잠시 사는 동안, 보다 훌륭한 역사와 문화를 만들어 연속시켜야 할 의무와 권리가 있다. 이것이 생의 진정한 의의이다. 종교계에서 흔히 인간적 선악의 이분법二分法에 따라 만들어진 '극락의 천당'과 '험악의 지옥'도 바로 '역사와 문화의 유무', 그것이라고 보는 것이 오늘날 문명시대의 최적한 풀이라 여겨진다.

— ≪수필공원≫, 1997. 봄.

영원한 질서

우리가 이 세상을 살아가노라면 쓴맛과 단맛으로 엉켜 살아가는 가운데에도 누구이고 단맛만을 맛보며 살기를 원한다. 하지만 인간은 운명적으로 쓴맛과 단맛을 함께 맛보며 나름대로 성장되면서 살아가게 마련이다.

이같은 되풀이되는 쓴맛과 단맛의 교차 질서와는 달리, 요새와 같은 교통의 폭주시대에는 난데없는 교통사고로 죽거나 불구자가 된다던가, 심하면 가족이 몰살하는 큰 불상사를 만나게 됨을 종종 보게 된다. 이런 대형의 비극을 과연 어떻게 풀어야 할 것이냐?

인간이 애초에 종교를 지나게 된 데는 그와 같은 불상사를 방지하기 위한 것이라고 하지만, 예기치 않은 끔찍스런 불행은 종교를 지니고 있건 없건 누구에게나 닥칠 수 있는 가능의 것이라는 것이다. 다만 그런 끔찍스런 불행을 당하여도 종교의 유무에 따라 그 아픔을 극복하고 안정을 되찾게 하는 힘은 생기게 될 것으로 기대된다.

근래에 나의 주변에서 일어난 끔찍한 참사와 슬픔 또한 행·불행을 들어보기로 하자.

내 큰자식과 절친한 친구는 40대 초반의 행복한 크리스천이며 샐러리맨으로 슬하에 초등학교의 두 딸을 가진 단란한 가정의 가장이었는데, 그의 두 딸은 모두가 유난히 노래를 잘하였다. 어느 날 콩쿠르에 출전시키기 위해 이른 새벽에 고이 잠자는 아이들을 깨워 새벽길을 달리다가 그만 난데없는 교통사고로 두 딸을 모두 잃었다. 또 어느 교회에서는 4, 50대의 한창 일할 전도사와 목사가 성실하게 교회에 봉사하여 그야말로 누구나 부러워한 교회로 꼽혔는데, 한 달 사이에 전도사는 간암으로, 목사는 선교사업차 외국 출장중 교통사고로 세상을 떴다는 것이다.

위와 같은 예기치 않은 비극과는 달리 나의 지기 L형은 지난해 낙방했던 큰아들과 연년생인 작은아들이 시험에 응시하여 한꺼번에 모두 일류대학에 합격되어 축제가 벌어진 반면, 같은 지기 K형은 그 전해에 낙방했던 큰아들과 역시 연년생인 작은아들이 함께 응시하였지만 보기 좋게 낙방한 사건이 있어, 우리 친구들 사이에 큰 대조의 화제가 되었다. 더구나 낙방된 K형은 내성적인 데다가 본래 술도 입에 대지도 못하는지라, 그 낙방의 아픔을 달래기 위해 하루에 10여 군데의 다방을 방황하였다고 한다.

위의 예기치 않은 크리스천들의 두 사건은 비극의 특정한 의식의 기도가 있었을 것이라 짐작되지만, 낙방의 쌍곡선인 희비극의 두 친구는 특정한 종교가 없어 별다른 사전의 기도가 없었을 것으로 생각된다.

인간이란 다시 말하거니와 행과 불행이 엇갈리는 가운데 성장되고 늙고 병들어 죽어야만 무상의 동물이지만, 순간에 교통사고로 식구들이 몰살한다든가, 아니면 일확천금이 생긴다든가 하는 것은 그리 흔치 않은 드문 사건들이다. 말하자면 이런 것들은 종교적 기도나 혹은 당한 당사자들의 적선과 적악과는 전연 무관한 누구에게나 예기치 않게 당할 수 있는 가능의 것이다. 속된 말로 재수가 없으면 당하고, 재수가 있으면 모면되는 운명의 사항이란 것이다.

이런 불가사의한 운명의 기로에서 흔히들 말하기를, 운명은 아무도 모르는 불가지론이란 것이다. 그러나 운명은 아무도 모른다는 불가지론과는 달리 인생의 순간 순간은 모른다 할지라도 인생의 시간과 폭을 크게 보면, 콩 심은 데 콩 나고 팥 심은 데 팥 난다는 속언과 같이 환경과 조건에 따라 대충 파악될 수 있다는 것이다. 즉, 춘하추동의 시간적 추이에 따라 따뜻한 봄이 지나면 무더운 여름이 오고, 여름이 가면 서늘한 가을이 오고, 가을이 지나면 추운 겨울이 오고, 겨울이 지나면 아름다운 꽃의 계절이 오면서 다시 순차적으로 질서 있게 사계의 이행이 되풀이되는 가운데서도 간혹 따뜻함과 무더움, 서늘함과 추움이 좀 길게 혹은 짧게 혹은 강하게 혹은 약하게 혹은 드물게 변칙을 일으키는 경우도 있지만, 여름이 될 때 겨울이 온다든가, 가을이 올 때 봄이 온다는 변칙은 있을 수가 없다는 것이다.

인간도 그런 테두리를 벗어날 수가 없다. 유년기를 지나면 소년기가 오고, 소년기가 지나면 순차적으로 청년기 · 장년기 · 노년기가 누구에게나 이행되지만, 유년기에서 청년기를 건너뛰어 장년기가 된다든가 하는 변칙은 전연 상정할 수가 없다는 것이다. 다만 사람의 체질과 환경에 따라 나이에 비해 더 젊고 더 늙는 변칙은 있을 수가 있다는 것이다.

그러나 이와 같은 유년기와 소년기 · 청년기 · 장년기 · 노년기의 일정한 순차에서 때로는 요사하는 사람, 한참 일할 청 · 장년기에 과로로 죽는 것은 특별한 경우를 제외하고는 거의가 본인의 부주의와 부모의 무관심 등의 과실이 일반적이라는 것이다. 이런 불가사의한 변칙의 사건을 옛날에는 신의 작위로 돌려 종교적 행례를 벌였지만, 인지가 발달됨에 따라 과학의 발달로 많은 불가사의한 것이 극복되었고, 지금도 운명으로 돌리는 사소한 분야까지도 앞으로는 결국 과학의 발달로 극복될 것으로 믿는다. 인간과 대치된 자연물도 거의 예외 없이 과학의 발달로 수명을 다할 것을 기대한다. 즉 우리의 최대 관심사인 인간의 건강 및 수명은 신앙적 결단에 의해 좌우되기보다는 본인의 관심과 환경에 따라 결정된다는 것이다.

그러므로 종교의 근본정신은 인간의 길흉화복에 예속시키기

보다는 최상의 인생 문제인 윤리에 연관시키는 것이 오늘날 고도의 과학 문명 시대에 걸맞는다고 생각된다. 즉, 유가의 경우 선을 쌓는 사람은 반드시 넘치는 경사가 따르고, 악을 저지른 사람은 필히 재앙이 내린다는 선복악화善福惡禍를 최대의 윤리 강령으로 삼는 것같이, 불가에서는 인과응보因果應報로, 기독교에서는 드문 일이지만 '심은 대로 거두리라.'는 말로 대체하고 있다. 즉, 창조주의 뜻이며 역사의 정신이라는 것이다.

희극과 비극, 행복과 불행은 인간이 살아가는 과정에서 누구에게나 부닥치는 필연적 사이클이지, 종교적 내지 기복적 기도에 의해 좌우되는 것이 아니라, 희극이 있으면 비극이 따라야 하고, 행복을 맛보려면 불행을 통하지 않고는 이루어지지 않는 불가리의 상승작용이라는 것이다.

그러므로 우리 인간은 누구나 행 · 불행의 수레바퀴의 틀에서 이를 일찌감치 인지하여 자기의 운명을 스스로 사랑하면서 '영원한 것 eternity'에 대하여 불타는 정열로 이 생이 다할 때까지 끊임없이 추구하는 가운데 희비극의 순간적 아픔은 극복되리라고 기대된다. 결국 창조주의 본체는 초자연적으로서 불가사의라 하지만, 밖으로 표출된 현상의 질서는 가시적으로서 선악이 분명하며 과학적이며 질서정연하다는 것이다.

지구는 우주의 시간과 공간의 질서에 의하여 태양의 궤도를 영원히 돌 것이다.

— ≪계간수필≫(13), 1998. 가을.

등영초鄧穎超의 거룩한 죽음

이제 공산 · 사회주의를 표방하는 나라는 거의가 사라졌다. 나와 같은 60대 중반기 세대의 경우, 일제말기 땐 징병공포에 시달리다가 해방이 되자 해방의 감격도 순간, 우리나라가 南北으로 갈라지면서 이데올로기의 熱火로 한국의 전통적 구수함과 너그러움과 따뜻함도 아랑곳없이 '빨갱이' · '죽일놈' · '좌익' · '우익' · '방화' · '고문' 세상을 근 40년 동안 들끓게 한 주범 이데올로기는 거의 이 땅에서 사라졌다.

나는 8 · 15해방 직후 대학에 들어가 수학하는 중, 치고받는 좌우익 학생들의 격돌을 직접 목격하면서 한창 공부하여야 할 학생들이 본분을 어겨가며 저렇게 치고받고 싸워야 하는가 의심하면서 반작용으로 공부에만 몰두하였다. 신문도 잘 읽지 않았다. 당시 세상이 어떻게 돌아가는지 그 근간을 파악할 능력은 없었지만 좌익 쪽 학생들은 좀 거짓말을 잘하는 것 같았고 강의시간엔 이따금 교수에게 엉뚱한 질문을 던져 '집어치우라.'는 등 교수를 곤궁에 빠뜨린 것을 보고 그들을 좋게 생각할 까닭이 없었다. 더구나, 마을의 무식한 친구들은 이따금 동네를 시끄럽게 하는 것을 직접 목도한 나는 공산주의자들에 대해 매우 부정적인 시각을 갖게 되었다.

중국은 오랫동안 동양문명에 군림한 적이 있는 거대한 나라로 나는 동양학도로서 중국문화를 일찍부터 동경해 왔다. 그러나 8 · 15 해방 후 중국도 이데올로기의 와중에 좌우로 갈라져 그 거대한 영토는 사회주의 국가로 변하였고, 여기에다가 한국전쟁 중 군대를 파견, 우리들을 곤경에 빠뜨리게 하였으니 동경해온 중국도 옛날이야기로 변한 것 같았다. 그렇지만 개혁주의자 鄧小平이 등장하여 경색된 이데올로기가 풀리기 시작하자, 중국문화를 동경해온 나도 여행자들의 물결에 따라 중국을 여행할 기회를 가졌다. 당시 사회주의 국가에 대해서는 전혀 여행한 경험이 없는데다가 국교마저 없는 상태인지라, 조심조심 여행하는 가운데 하도 긴장한 나머지, 입술이 터지는 등 심한 피로를 느꼈다. 하지만 사회주의 국가의 중국에 대한 인상은 흔히 북한 공산주의자에게서 느낄 수 있는 경색되고 굳어진 표정은 전연 느낄 수가 없었고, 몇몇 분은 매우 좋은 인상을 가질 수 있었다. 즉, 그와 같은 긴장은 내가 이데올로기의 熱火에서 지나치게 가졌던 선입견의 사회주의 공포라 짐작됐다. 사실이지 냉전의 과열시대에 특히 화면에 비친 소련 사람들은 마치 뿔 달린 험상궂은 냉혈동물로만 생각이 됐지만, 이데올로기의 폭풍이 지나간 후엔 소련 사람들이 미국인데 비해 오히려 여성적이고 유순한 인상을 받은 것은 나만의 생각이 아닐 것이다.

중국의 정치인 가운데 특히 근래 들어 온건한 개혁주의자 周恩來(1898~1976)가 그의 풍부한 인간성으로 계속 떠올림을 받아오고 있다. 냉전시대의 극한 사항에서도 화면에 비친 그에 대한 인상은 과묵의 인품에다가 너그러운 중국인의 선비형으로 짐작되었다. 周恩來가 작고한 지 꼭 16년 만에 그의 부인 鄧穎超(1901~1992)가 지난여름, 따라 작고하였다.

鄧穎超의 죽음에 대한 모 일간신문에 보도된 바에 의하면, 그녀는 열다섯의 나이로 중국의 근대화 문화운동인 5 · 4운동에 참여한 이래, 평생을 사회주의 운동을 실천하면서 헌신해 왔다고 한다. 그러나 우리에게 감동을 준 것은 그녀가 죽기 전 작성된 유서에서 자신이 죽으면 일체의 추모행사를 하지 말고, 유해는 의학실험용으로 해부한 뒤 화장할 것과 그 뼈와 재는 중국의 산하에 뿌려줄 것을 당부하였다는 것이다. 뿐만 아니라, 그녀는 최근 추가된 유서에서 자신과 남편 周恩來가 살던 집은 절대로 기념관 따위로 만들어서는 안 되며, 국가소유인 이 집은 전국민을 위한 용도로 쓰여져야 한다는 것을 강조하고 나서, 덧붙이기를 자신과 전 수상 周恩來의 친인척들에게 원칙을 무시한 어떠한 특혜도 주지 말 것을 요청하였다는 것이다.

나는 위의 기사를 읽고 정신이 바짝 긴장되면서 중국의 사회주의가 어떠한 것이기에 저런 큰 여성의 인물이 창출될 수 있었을까 하고 곰곰이 생각에 잠겼다. 즉, 사회주의 · 공산주의의 이데올로기, 鐵의 장막 · 竹의 장막, 더 나아가서는 북한의 소위 얼어붙은 유일체제, 또는 中東의 종교분쟁, 미국의 거대한 자본주의, 그리고 우리 한국의 소위 자유민주주의 등 8 · 15해방 후 냉전시대에 어지러웠던 정치현상을 회상하면서 20세기를 돋보이게 하는 鄧穎超의 죽음에 대해 계속 생각에 잠겼다.

동서의 모든 교육의 목표와 이상은 예나 이제나 인간이 사회적 동물임이 전제되어 사회생활에 利己에 서지 말고 유익한 인간이 되어야 한다는 것으로 집중되어 있다고 보면, 종교는 한걸음 더 나아가서 남을 위해서 살되 희생 · 봉사 · 자비와 사랑을 베풀 것을 금과옥조로 하고 있다.

鄧穎超에 대한 구체적 사항은 잘 모르지만 그녀가 일찍부터 周恩來와 함께 프랑스에 유학하고 5 · 4운동에 참여한 것으로 보면, 중국의 구습인 봉건제도를 타파하는 근대 사회운동가로서 우리나라에도 그러한 인물은 심심치 않게 볼 수 있는 여성의 수준에 해당된다. 그렇지만 그녀가 죽는 날이 가까워옴에 따라 유서에 남긴 그녀의 죽은 후 추모행사를 금하고 유해를 의학의 실험용으로 쓴 후 조국의 산하에다 뿌려달라는 내용에 이르러는 우리 모두는 엄숙해지며 문자 그대로 '殺身成仁'을 철저하게 실천한 최후의 十字架를 상기하지 않을 수가 없다. 게다가 그녀와 남편을 위한 기념관과 그들 친인척들의 특혜까지 금지시킨 것은 특히 우리 한국의 현재 사회에서 유행적으로 성행되는 각종 기념사협회에 경종을 울리는 유언이 아닐 수가 없다. 정말로 이 말은 우리가 거듭 씹어보아야 할 것이다.

위와 같은 鄧穎超의 죽음은 범인이 도저히 감당할 수 없는 종교의 순교적 차원의 죽음으로 누구나 마음으로라도 본받아야 할 거룩한 죽음에 해당된다. 나는 그런 거룩한 죽음이 이 어지러운 물질문명 속에서도 동양에서 창출된 것을 같은 동양인으로서 이데올로기를 떠나 크나큰 자부심을 갖는다.

미확인된 외신에 의하면, 鄧穎超는 냉전의 열화 속에서도 중국의 남성과 대만의 여성이 제삼국 미국에서 결혼의 문제로 고민에 빠지자 중국의 남성을 결혼케 하여 대만에서 영주케 하였다는 것을 듣고, 그녀는 사회주의 제도 속에서도 이데올로기를 떠난 분명한 휴머니스트임을 감지할 수가 있었다.

우리는 8 · 15해방 후 소위 자유민주주의를 표방하면서도 냉전의 와중에서 이데올로기에 꽁꽁 묶여 살아왔다. 그 과정에서 들어야 할 것을 듣지 못하고, 들을 필요가 없는 것을 듣도록 강요당하면서, 때로는 떳떳이 할 일을 하고서도 가진 인권의 유린을 무수히 당해 왔다. 머지않아 군사정권의 마지막 잔재인 제6공화국이 사라지고 어지러운 가운데나마 민주정부가 들어설 찰나다. 鄧穎超의 죽음을 자유롭게 들을 수 있는 言路와 그녀의 거룩한 죽음을 흠모할 수 있는 우리의 성숙된 민주정부가 도래하기를 기대해 볼 뿐이다. 鄧穎超의 거룩한 죽음에 뒤늦게나마 머리 숙여 명복을 빈다.

— ≪隨筆公苑≫, 1992. 겨울호.

떠버리 교수와 버버리 교수

제목을 보고 독자들은 이상하게 생각할 것이다. 떠버리 교수와 버버리 교수란 말이 무엇을 의미하는 것인가 하고. 실은 이들 낱말은 내가 창작해 낸 것이 아니고 성균관대학에 오랫동안 봉직해 오다가 얼마 전에 정년퇴직한 우리나라 원로 불문학자 S교수가 그와 동료였던 영문학자 J교수의 추도사에서, 평생 아무 글 한 편 쓰지 못하고 강의에만 열중하다 간 그를 추모하는 글에서 쓴 말이다.

대학교수의 기능을 심오한 학술 연구에 종사하는 데에 둔다는 것은 예나 이제나 매일반이다. 대학교수가 연구에 종사한다는 것은 알고보면 과학자가 오랜 연구와 실험 과정을 통해 사물의 법칙을 발명해 내는 것과 같이 피눈물 나는 작업의 하나이다. 거기서 옛날에는 대학교수가 연구실에 파묻혀 세상이 어떻게 돌아가는지 내가 알 바 아니라는 식으로 상아탑에서 유유자적하는 것이 특색이었다. 심지어 사실인지 아닌지 모르지만 몇십 년 전에 일본 모 교수가 연구에 몰두해 있던 나머지 8·15 종전도 몰랐다는 우스꽝스런 일까지 있었다고 한다. 그러나 오늘날은 신문·잡지·텔레비전 등 매스컴이 문화의 중심매개 역할을 하는 시대인 데다가 자기 P.R.시대라 하여 학자들이 연구실에서 연구하는 한편 밖에서의 활동도 많아지게 되었다. 때로는 소수의 교수들은 연구실엔 아예 붙어 있지 않고 신문·잡지·텔레비전 등에서 더 많은 시간을 보내는 소위 매스컴 교수까지 등장하게 되었다.

나도 이제 교단에 선 지 20년이 되었다. 연구 논문도 써보고 때로는 신문·잡지 등에 글도 써 보곤 했지만, 그동안 친분이 있었던 교수들을 떠버리와 버버리로 나누어 그들의 생활을 소개하고 말하자면 교수의 위치를 재평가하면서 스스로 반성해 보는 자료로도 삼았으면 한다.

내가 존경하는 C교수는 동양사東洋史 전공인데 생활과 몸가짐이 아주 근엄하고 강의하는 외엔 동료 교수와 별반 잡담도 나누지 않고 늘 연구실에서 만권서萬卷書를 쌓아 놓고 연구와 사색에 심취한다. 그러나 늘 연구실에서 대부분의 시간을 보내는 데 비해 논문은 짧은 것이 기편幾篇일 뿐이다. 그러나 그 무게로 치면 한 논문이 한 저서에 값한다고 본다.

또 내가 잘 아는 S교수는 지금은 고인이 되었지만 서양 철학, 특히 희랍 철학의 대가로 영어 · 독어 · 불어 · 희랍어 등 서양어를 모두 원전으로 받아들이고, 교수 생활 30여 년 동안에 보직補職을 한 차례도 맡은 적이 없고, 그리고 동료교수와는 인사를 하지도 않을 뿐 아니라 받지도 않는 괴팍한 교수다. 그는 늘 연구실을 떠나지 않았고, 일요일은 물론이요 심지어 원단元旦도 연구실에서 보내는 분인데 생각 같아서는 많은 저서가 나오기를 기대했지만 작고하기 전에 불과 문고본에 해당하는 얄팍한 철학논집哲學論集을 냈을 뿐이다.

위의 C교수와 S교수를 버버리 교수의 경우라고 한다면 다음에 예거하는 경우는 떠버리 교수에 해당된다고 본다.

내가 아는 P교수는 전공이 현대문학, 책을 읽는 경우보다는 쓰는 시간이 훨씬 많고, 게다가 신문 · 잡지 등에 많은 글을 써서 P교수 하면 사회에 많이 알려진 지명知名 교수로 통한다. 함께 연구실에 앉아 있노라면 신문사 · 잡지사 등에서 연방 전화가 온다. 하도 글을 많이 쓰기에 어느 때는 모 일간지에 큼직한 제목이 나와 있기에 그 글을 주의깊게 읽어 보았다. 표제에 붙여진 거창한 제목과는 달리 미사여구美辭麗句로 되는 말 안 되는 말을 마구 섞어 놓아 고소苦笑를 금치 못하였다. 그런데 장안의 큰 신문에 P교수의 이름이 잊어버릴 만하면 또 나오니 참말로 안타깝기 그지없다. 신문 잡지사의 편집자가 정말로 문화와 독자를 의식하고 있는지 궁금하다.

또 약 10년 전의 일이다. A교수와 중국에서 열리는 국제 학술회의에 참석한 일이 있다. A교수는 한국문학 가운데 전공이 현대인지 고전인지 모호하리만큼 양쪽을 넘나드는 많은 저서를 가지고 있다. 그러나 전문가의 수준에서 보면 정말로 학술논문에 값할 만한 논문은 한 편 고를래야 고를 수 없는, 말하자면 남이 애써 해놓은 논문을 이리저리 정리해 놓은 편찬에 불과하다. 그러나 A교수는 자칭 대학자연大學者然하는 데 문제가 있다. 그는 당시 외국에서 열리는 학술대회에 수속관계로 거의 끝날 무렵에야 겨우 참석하여 그의 논문을 발표하였다. 그러나 귀국하자 그는 함께 참석한 동료 교수를 제쳐놓고 신문 · 잡지에다 학술회의 참관기를 쓰기 시작하였고 자기 문제는 유난히 대서특필하였다. 또 얼마 있더니 나에게 난데없이 A교수의 단행 저서를 부쳐 왔다. 제목이 그 나라 국민성과 문화의 전통을 해부한 책인데 정말로 아연실색하지 않을 수 없었다. 사실 중국인과 같이 성격이 깊숙이 숨겨진 민족은 세계 어느 민족에 비해도 드물 것이다. 그러므로 중국인과 거의 10년을 접촉한 바 있는 지식인들도 중국인의 성격을 어느 규격에다 맞추려 하는 것을 꺼려한다. 그런데 A교수는 불과 일주일 남짓 회의에 참석한 경험으로 그 나라 국민성을 해부하여 필봉筆鋒을 농하였으니 정말로 가관이다.

위의 버버리 교수와 떠버리 교수의 예에서, 전자에게서는 연구에 많은 시간을 보내는 데 비해 별로 글을 쓰려 하지 않지만 학자적인 고고와 선비다운 몸가짐을 엿볼 수 있고, 후자에

선 연구보다는 많은 글을 쓰는 데 열중하지만 선비다운 교양이나 학자적인 깊이가 별반 없음이 아쉽다고 하겠다.

나는 버버리 교수를 무조건 옹호하기 위해 이 글을 쓴 것은 결코 아니다. 그보다는 다만 연구나 강의보다는 매명주의賣名主義에 입각하여 진실성이 없는 소위 속문俗文을 마구 써젖히는 떠버리 교수의 탈선행위를 힐책하는 데 있다.

앞에서 언급한 일이 있지만 교수의 기능은 아무래도 연구에다 중점을 두어야 할 것 같다. 연구가 결여된 강의란 진실성 없는 다변으로 떨어지기 쉽다. 소위 명강이란 것도 깊은 연구가 밑받침되어야 할 것은 물론이다. 다소 눌강訥講이어서 제자들에게 명강으로 받아지지 않더라도 연구하는 모습 자체에서도 그들에게 많은 교육적 효과를 주리라고 믿기 때문이다. 이로 보면 버버리 교수가 떠버리 교수보다는 훨씬 고차적高次的이다.

대학교수의 글이나 논문도 많은 연구와 경륜에 기반되어 있음은 자명한 일이다. 그러므로 연구 경력이 결여된 논문은 진실성이 없는 얄팍한 속임수의 글이 되기 쉽다는 것은 뻔한 사실이다. 학문에는 왕도가 없다는 것은 바로 이를 두고 하는 말일 것이다. 그러므로 학자는 자기가 쓴 글에 우선 책임을 느껴야 한다. 다만 매병주의로 글을 쓴다는 것이 얼마나 어리석은 일인가, 종종 노자老子의 '知者不言 言者不知'를 되새기며 나도 떠버리 교수가 되지 않기를 늘 자계自戒한다.

— ≪수필문학≫, 1980. 10.

初雪과 니르바나

지난 12월초의 일이다. 작년 늦은 여름은 수해水害로 떠들썩하더니 연말엔 비로소 초겨울과 함께 초설이 내리면서 장안을 수해의 고통으로부터 말끔히 씻어주기나 하는 듯 하얀 폭설로 우리 주변을 뒤덮어 놓았다. 청천聽川의 〈백설부白雪賦〉를 읽지 않더라도 우리는 누구이고 백설의 아름다운 정경을 음미의 밖으로 돌리는 사람이 누가 있겠으며, 그야말로 어린이들과 어른들이 함께 즐기는 대상이 아닐 수가 없다.

그런데 어쩐 일인지 내 경우엔 이순耳順경에 이르면서 옛날과 같이 백설로 인한 작약雀躍의 즐거움은 완전 사라졌을 뿐 아니라, 근래부터 폭설이 자주 내려 교통이 두절되고 차들이 충돌되며 때로는 이로 인한 귀한 생명의 빼앗김은 고사하고, 적지 않은 연로年老한 분들이 눈에 미끄러져 뜻밖에 부상을 입는 등 그런 설화雪禍에 대한 공포심이 앞서서 그런지 눈을 적이 달갑지 않은 불청객으로 인식하게 되었다.

그러나 지난해 연말엔 난데없이 초설이 내리면서 폭설을 겸해 세상을 온통 흰 눈으로 뒤덮어 장관을 이루어 놓았다. 그 무렵 나는 우리 집 뜰에 앙상하게 나목裸木이 된 감나무와 대추나무와 우연히 마주치자 박연구 형의 수필 〈근원近園을 기리는 마음〉을 읽게 되었다. 그 글을 읽고 나서 유난스럽게 감나무에 대한 애착심이 생겼다. 따라서 김용준의 ≪근원수필近園隨筆≫중 〈노시산방기老柿山房記〉를 읽으면서 그것이 김용준의 격조 높은 순수 수필임을 비로소 인지하게 될 뿐 아니라, 감나무에 대한 애착이 일층 긴박하고 흐뭇한 평정의 상념으로 나를 휘감았다.

이때를 계기로 나는 폭설로 뒤덮인 설경의 세계를 음미와 사색을 겸해 아침 산행을 여러 날 즐겼다. 즉, 산에 여기저기 앙상한 고목古木들이 검은 빛과 함께 내 마음의 눈에 말로 표현할 수 없는 적막과 미감이 한데 어울리면서 나로 하여금 흐뭇한 고요 속으로 이끌어 갔다.

나는 그 무렵 어느 날에 백련산白蓮山을 등산하면서도 유난히 내린 폭설을 피해 약식 산행으로 백련사를 선택하여, 백련사 어구에 들어갔을 때였다. 백련사 주변에 여기저기 무질서하게 늘어서 있는 고목들이, 그 검은 빛과 울퉁불퉁한 목피木皮들이, 꼭 〈노시산방기〉에 묘사된 늙은 감나무와 우리 집 뜰의

못생긴 감나무와 함께 연상되면서, 그 검은 고목들에 대해 말로서는 표현될 수 없는 고요하고 흐뭇하고 든든하고 밝은 화정和靜이 가득한 상념을 맛보기 시작하였다. 이런 상념 속에서 절의 경내로 한발 한발 다가 걸으면서 대웅전을 바라보고, 특히 대웅전 지붕의 진회색 기와들이 아침 햇살에 반사됨에 따라 유난스럽게 밝은 정적미를 더하는 가운데 나는 다시 휘돌아서 산책로를 계속 걸었다. 낙엽과 흰눈이 뒤덮인 산책로를 밟을 때, 바삭바삭하는 낙엽의 소리는 뒤덮인 백설과 대웅전의 기와와 여기저기 늘어서 있는 고목들과 함께 나의 상념을 지속적으로 밝은 평정平靜에서 화정으로, 다시 화정에서 평정으로 파묻히게 하였다. 내가 이때 이 자리에서 바로 죽는다면 어떻게 될 것인가. '아, 나의 죽음도 정적 속으로 포섭되는 하나의 분자가 될 것이니'라고 생각하면서 죽음도, 아무런 두려움도 없는 평정의 것으로 파악되어 나는 대자연과 완전 합일되는 듯한 경지를 순간 맛보았다. 아! 이것이 니르바나의 경지라 생각되었다. 내가 도를 닦은 선가禪家의 경험이 없어 열반(涅槃;nirbana)의 상태가 어떤 것인지는 모르지만, 잠시나마 번뇌와 고통이 단절된 무아경에 이르는 경험을 맛보았으니 이것이 바로 니르바나의 경지가 아니고 무엇이랴! 물론 사람이 살다보면 고통스러운 가운데서도 순간 희열 속에 잠기기도 하지만, 그 기쁨이란 대충 들뜨는, 말하자면 흥분제를 복용한 듯 순간적 작약의 상태가 쉽게 경험될 수 있는 일로서 이렇게 고요 속에 비교적 지속적으로 무아경에 잠입된 상태는 내 생전 초로初老에 이르러 처음 있는 일이다. 이것은 다분히 기독교적 구원 경지로서 어떻게 보면 신과 자연, 자연과 신의 동격의 경지인 듯, 한때 나를 방황하게 하였다. 흔히 계시록啓示錄에 묘사된 다이아나 루비 등으로 장식된 그런 떠들썩한 물질적 낙원이 아니라, 정말로 인간적 번뇌와 죽음의 공포가 완전 가시어진 고요한 정신적 희열과 화정의 상태는 바로 니르바나의 경지라고 생각된다.

현대 심리학자 메슬로(Msalow 1908~1970)는 사람이 살아가는 가운데 몸소 경험하는, 즉 자연친화自然親和 내지 고전음악의 감상뿐만 아니라, 동양의 유 · 불 · 도의 유심주의, 심지어는 마약에 의한 환몽상태 등에서 오는 극치의 희열까지를 절정경험(peak experience)이라고 명명한 적이 있다. 매슬로가 이와 같이 들고 있는 절정경험은 다분히 능동적 희열, 즉 서양인들의 문화적 경험을 위주로 이를 '절정경험'이라고 한 것이 아닌가 생각된다면, 내가 경험한 무아경은 수동적 · 동양적 평정의 희열로서 부득이 매슬로의 '절정경험'과 구별하기 위해서도 '니르바나'라 명명해야 될 것 같다. 이렇게 보건대 매슬로우의 절정경험이 더구나 마약의 환각상태까지 내포된 것을 보면, 잘 모르는 일이긴 하지만 매슬로는 저명한 심리학자로서 동양적 무아경인 니르바나의 체험은 없는 것으로 안다.

반면에 성리학자 퇴계退溪는 청명고원淸明高遠한 가운데 한가로이 아름다운 자연의 경치와 한밤의 밝은 달을 만났을 때,

저절로 자연의 뜻과 융합되어 그야말로 천인합일天人合一의 흥취로써 지극히 신비롭고 종용쇄락한 교감은 말로는 그려내기 어려워 '超妙'라고 할 수밖에 없다고 한 것은, 바로 성리학자들이 순수의 자연친화를 통해 체험되는 것으로서 이는 니르바나의 경지와 다를 것이 없다고 생각된다.

그렇지만 이런 초묘의 경지든, 니르바나의 경지든, 쉽게 얻어지는 것은 아니리라. 오랫동안 덕성적 수양을 통해 이루어질 것이라고 생각되는데, 나는 요새 지난 초설을 통해 경험한 그 무아경을 글로써 정리하는 이때, 다시 난데없는 폭설이 내려 산행을 계속하지만 니르바나의 경지와는 달리 자질구레한 잡념들이 나를 어지럽힌다. 언제 다시 초묘의 경境에 이를까 꿈을 그려보면서 나는 퇴계의 도산십이곡陶山十二曲의 서장,

> 이런들 엇더하며 져런들 엇더하료
> 초야우생草野愚生이 이러타 엇더하료
> 하물며 천석고황泉石膏肓을 고쳐므삼하료

를 읊조리며 초설이든 초우初雨든 아침 산행을 계속할 것이다.

— ≪불교(427)≫ 1991. 5.

食客의 학문

옛날에 선비에 준한 뜨내기 지식인들이 배운 것은 있지만, 노동력이 없는데다가 경제적 어려움으로 먹을 것이 적당치 않아 이리저리 東西와 南北으로 유랑하면서 청하는 집이 있으면, 여러 가지 필요한 지적 자문에 응하여 적당한 대가를 받은 풍습이 있었다. 즉, 그들은 이름도 지어주고 제문 · 서간문도 써주며, 때로는 譜學에도 응하여 그 답례로 숙식과 용돈을 받았는데, 이런 識字人들을 일러 食客이라 하였다. 이와 같은 식객의 관습이 있게 된 것은 당시가 문맹인이 워낙 절대다수를 차지한 봉건사회인데다, 유난히도 지식인들을 흠모하고 부러워한 환경과 식자인들이 경제적 궁핍에 처해진 조건이 하나로 맞물려서 그런 식객의 존재가 자생된 것이 아닌가 생각된다.

이런 뜨내기 지식인들이 학문의 역사엔 무슨 공헌을 하였을

까마는 당시 문맹사회에 그런대로 예의도덕을 숭상하고 그것의 실현에다 최고 가치를 둔 家風, 또는 門中에 작으나마 그들의 욕구를 채워주며 불편을 덜어준 사회적 고언이 어느 정도 있다고 생각된다. 이와는 달리, 소위 선비의 부류들은 그들이 배운 확고한 유가적 생활관을 정립하여 비록 식객과 같이 경제적 어려움에 처했을지라도 무질서한 정계를 멀리할 뿐 아니라, 때로는 萬金을 주어 불러도 義가 아니면 한사코 응하지 않아, 말하자면 그때그때 숙식의 조건에 응하는 식객과는 근원적으로 달랐다는 것이다. 즉, 식객과 선비의 특성은 둘이 다 識字를 바탕으로 하면서도 경제적 어려움으로 함께 생활력엔 손방이지만, 선비는 정립된 지식 밑에 不義에 대하여는 강직한 저항의식이 있다고 본다면, 식객은 뜨내기 지식의 소유자로서 義건 不義건 가릴 것 없이 그들의 욕구를 적절히 해소시켜 나간, 좋게 말하면 여유있는 김삿갓의 부류요, 깎아 말하면 비생산적 適當主義의 부류들이라고 보겠다.

이같은 식객과 선비의 위치를 오늘날 현대 산업사회에 비긴다면, 선비가 소신에 꿋꿋하고 학문에 정열을 쏟는 知性人에 해당된다고 보면, 식객은 분주하고 이리저리 뛰어다니는 즉, 다분히 출세지향적이고 예인적 기질을 지닌 매스컴 교수에 적용시켜 볼 수 있지 않을까 한다.

오랫동안 가족제도에 뿌리를 박고 살아온 우리나라는 血緣을 핵으로 하여 譜學이 일찍부터 발전됨을 통해 門閥의식이 유별나게 강해진 것은 공동사회를 형성시키는 데 긍정적 기여도 많았다고 하지만, 사회를 균형있게 발전시키는 데는 부정적 요소가 더욱 많다는 것이 오늘날 공통된 인식인 것 같다. 요새 산업사회로 돌입하면서부터도 급속한 경제성장으로 여러 문중들의 문벌을 중심으로 한 족보의 발간, 지나치게 화려한 산소의 치장은 말할 것도 없고, 선조의 文集이 있으면 이를 번역하여 화려한 장식으로 출간할 뿐만 아니라, 더욱 여유로운 경우엔 학자들을 동원하여 연구비를 지급하면서 각종 학술회의, 심지어는 국제회의까지 개최하는 등 소위 門中學이 일기 시작하였다.

이러한 門中學이 일기 시작한 것에 대해 꼭히 부정적으로 보아야만 할 하등의 근거는 없지만, 숨겨져 있던 문집이 세상에 햇빛을 보게 한 것 등은 불편한 국학자료에 보탬이 된다고 보아 다행이 아닐 수가 없다. 다만, 문제가 되는 것은 학자들이 무리지어 상응한 보수를 받아가며 이 문중 저 문중에 동원되어 졸속주의로 그럴듯한 결론을 만들어 문중의 구미와 기호에 맞추는 경향이 있기 때문이다. 이들 학자들은 옛날 식객의 역할을 하는 것이나 다를 바 없으므로 속칭 門中學者라면 어떨까 한다.

현대는 옛날 전통사회와는 판이하게 달라졌다고 생각된다. 옛날같이 선비·는 가난해야 된다는 전제조건이 없는데다가 대부분의 지식인들이 교육기관에서 제자를 가르치며 학문생활을 누리면서 거기에 상응하는 보수와 연구비가 주어져 생활

보장이 비교적 마련된 셈이다. 물론 치부할 정도는 안 되지만 우리나라 G.N.P의 수준에 비하면, 교수라는 직업이 다른 나라의 수준에 비해서 그렇게 뒤떨어지는 것은 아니며, 오늘날엔 방학이면 자비든 타비든 외국에 나아가 국제회의에 참여하여 자기 학문의 견식을 확대하는 기회가 주어지는 등, 그런대로 좋은 직종의 조건에 해당된다고 본다.

우리나라가 70년대에 산업사회로 돌입하면서부터 門中學이 점진적으로 유행되기 시작하였다. 그런 가운데 특히 退溪學의 경우 한국 곳곳에 퇴계연구소가 생기는가 하면, 국제회의도 국내뿐만 아니라 국외에서도 주기적으로 열려 유수한 학자들이 유치되고 있는 것은 한국학의 세계적 신장을 위해 매우 바람직한 일임에 틀림없다. 특히, 한국 知性史의 큰 줄기가 불가의 元曉, 유가의 退溪, 실학의 茶山으로 이루어졌음을 생각할 때, 퇴계학의 신장은 너무나 당연한 일이다. 그러나 퇴계학의 계획이 순수한 학자에서가 아니라, 때로는 문중에 의해 운영되는 가운데 반대 학설이 봉쇄되고 고의로 깎인 경우가 없지 않아 있는 것을 생각한다면, 이는 오히려 퇴계학을 문중학의 좁은 울타리로 가두어 놓는 愚의 소행이 아닐 수 없다.

이같은 퇴계학의 문중 우상화는 어느 면에서 우리나라에 문중학을 유행케 하였다고 보아지는데, 가령 퇴계에 대립된 율곡연구소, 또는 沙溪와 河西의 연구, 심지어는 어느 재벌에 의해 운영되는 S대학엔 그 재벌 총수의 선조를 연구하는 '○○학연구소'라 떳떳이 명명되어 설치된 경우도 볼 수가 있다. 이와 같이 일 개인을 감히 學의 이름을 붙이는 것도 우스운 일이지만, 가장 순수하여야 할 학자들이 여기에 그룹을 지어 이 문중 저 문중으로 동원되어 상응한 보수를 받고 논리를 제공한다는 것은 고도한 문명사회에서도 스스로를 옛날 식객의 후예임을 자칭하는 것이 아니고 무엇이랴.

우리나라에 옛날부터 '거적대기 조상에 비단 후손'이란 말이 있다. 즉, 조상의 지위는 그리 크게 사회적으로 내세울 만한 존재가 아니지만, 요행히 후손의 권력과 사회적 지위로 그 조상의 지위가 유별나게 좋아지는 경우를 말하는 것이지만, 이와 반대로 조상은 크게 사회적 지위를 지닌 존재이지만, 후손이 못나서 그 조상의 사회적 위치가 드러나지 않을 경우, 이를 '비단 조상에 거적대기 후손'이란 말로 대칭되는 것을 보면, 이는 옛날부터 은근히 이른바 문중학을 비꼬는 사회의 냉소적 심리가 있어 왔음을 쉽게 터득할 수가 있다.

이런 분위기에서 학자는 모름지기 순수성과 합리성, 그리고 좌와 우에 치우침이 없는 객관성을 유지하기 위하여 문중학의 식객적 부작용에서 벗어나 비단후손이건 거적대기 후손이건 아랑곳할 것 없이 비단 조상은 비단 조상대로, 거적대기 조상은 거적대기 조상대로 과감히 실상의 까닭을 밝힐 수 있는 선비정신으로 돌아가는 것이 말하자면 현대적 학문정신이 아닌가 싶다.

— ≪隨筆公苑≫, 1992. 봄.

回甲과 鬼女譚

작년 그러께 1987년 여름의 일이다. 제5차 국제비교문학회가 自由中國 臺灣 淺江大學에서 열려 한국에서도 근 10명이나 되는 학자들이 그 회의에 참석하였고, 가까이는 중국 · 일본 · 홍콩, 멀리는 미국 · 프랑스 · 독일 등지에서도 참석하여 예년과 같이 대성황을 이루었다.

나는 그때 만 60이 되는 나이여서 참석한 사람 가운데서는 나이가 가장 많았을 뿐 아니라, 8월 10일부터 14일까지 연 닷새나 되는 회의기간에 있어서 공교롭게도 바로 나의 回甲日인 8월 11일에 내 논문이 발표되도록 프로그램이 짜여져 있었다.

흔히 나는 여름 방학엔 외국여행을 하는 경우가 많아 좀처럼 생일잔치를 얻어먹을 기회가 많지 않지만, 특히 동양에서 매우 중요하게 생각하는 六十生日을 식구들과 헤어져 외국에서 보낸다는 것은 생일 날짜를 잘 잊어버리는 나로서도 너무 지나쳤다는 생각이 새삼 들었다.

물론 국내에 있는 경우는 內子가 날짜를 잘 기억하여 생일이 당도하게 되면, 가까운 血族을 초대하여 조촐한 잔치를 벌이곤 하였지만, 비교적 壽를 얻었다는 六十生日을 외국에서 보낸다는 것은 아무리 생각해도 잘못되었다는 기분이 들었다.

그러나 회의 주최자 측은 나를 골탕(?)이라도 먹이려는 듯 왜 하필이면 닷새나 되는 기간에 내 생일에, 질문, 답변 등 신경을 써야 할 나의 논문 발표를 정해 놓을 것이 무엇이냐는 등 은근히 주최 측을 원망 아닌 원망을 했다.

발표일이 당도하였다. 오전 중엔 나의 관심을 다분히 끄는 일본인 교수의, 鬼女譚을 중심으로 한 중국 · 한국 · 일본의 文學的 屈折이 논의되는 '中 · 韓 · 日 文學과 美國文學에 나타나 鬼女譚이 지닌 藝術的 美學에 매혹되었다. 다시 말하면, 그 鬼女譚에 지나치게 매혹된 나머지, 막상 신경을 써야 할 나의 논문 발표는 의외로 별다른 신경을 쓰지 않고 지나쳤다는 것이다.

나의 발표가 끝나자 나의 씁쓸한 回甲도 회상할 겸 나는 누구보다도 먼저 나의 숙소로 돌아와 낮잠을 즐기고 넓은 방에서 나의 回甲을 기념이나 하는 듯 일본인 교수의 鬼女譚에 대한 논문을 다시 읽었다.

그 논문의 요지는 중국의 剪燈新話에서 출발한 사람과 鬼女가 함께 사랑을 나누는 소위 鬼女譚은 한국의 金鰲新語를 거쳐 일본의 兩月物語에까지 뻗어갔지만, 이 鬼女의 이야기는 미국인 라프카디오 한(Lafcadil Hearn : 1850~1907)의 '和解'로 재구성되어 이를 통해 물질문명의 극치를 이룬 서양에까지 확대되었다는 것이다.

그러나 나의 回甲日에 그렇게도 나로 하여금 황홀경에 빠뜨린 것은 라프카디오 한이 剪燈神話의 충격으로 이루어진 雨月物語의 영향을 받고 '和解(Reonciliation)'로 번안된 그 애절한 鬼女譚으로서 그 이야기는 다음과 같이 서양 독자를 위해 나름대로 조직화되었다.

주인공 사무라이(武士)는 京都에 살았는데 그의 주인이 주지사에 임명되어 다른 지방으로 이전하자 사무라이는 糟糠의 妻를 내버리고 주인을 따라가 그곳에서 새로운 아내를 맞아들여 함께 살았다.

그러나 현지에서 새로운 아내와의 생활에서 조강의 처와의 사랑이 너무나 그리워진 나머지, 임지에서의 기한이 끝나기도 전에 현지를 떠나 경도로 올라와 옛날 조강의 처와 살던 집을 찾았더니 조강의 처는 오랫동안 기다렸다는 듯 그를 반갑게 맞아주었다.

그날 밤 오랫동안 떨어졌던 회포를 즐겁게 지낸 것은 말할 것도 없다. 사무라이는 새벽에 눈이 뜨자 옆자리엔, 있어야 할 그리던 조강의 처 대신에 앙상한 뼈다귀가 있음에 질겁을 하고 밖으로 뛰쳐나와 이웃을 찾아 사연을 물었다. 즉, 그 집 여인은 사무라이와 살다가 사무라이가 먼 지방으로 떠난 후 여러 해 동안을 누구의 돌봄도 없이 혼자 사무라이를 기다리고 기다리다가 지치고 지쳐 드디어 굶고 병들어 죽었다는 것이다.

나는 위와 짤막한 鬼女의 이야기를 하오 숙소에 돌아와 재차 읽고 과거에 한번도 겪어 보지도 못했던 쓸쓸하고 애절하고 가냘프고 울적한 想念과 孤寂 속에서 한참 헤매면서 어쩔 줄을 몰랐다.

바로 나의 六十生日 回甲日에 고향에 있었다면 나를 위해 사랑하는 아내와 자식들, 그리고 친구들이 모여 祝歌와 祝杯를 나눌 터인데, 외지의 외로운 방에서 홀로 鬼女譚을 읽고 孤寂의 想念 속에서 멍하니 동쪽 산을 바라보는 가운데 이루어지는 그 鬼女의 애절한 이미지는 한없이 고향에 있는 내 아내를 생각게 하였다.

바로 그 鬼女譚의 美學을 이루게 한 말하자면, 사무라이가 그렇게도 남편의 시중만을 들다가 고생을 한 조강의 처를 매정하게 내동댕이쳤지만 끝내는 비극적 죽음으로 그 鬼女가 된 그 조강의 처의 혼이 다시 찾아온 남편을 마치 放蕩兒를 맞이하는 아버지와 같이 따뜻하고 쓸쓸한 情念으로 매정한 사무라이를 맞이하는 그 장면이 나의 마음을 송두리째 빼앗아 나로 하여금 쓸쓸하고 외로운, 그렇지만 강하게 意慾의 世界로 몰아넣는 이상야릇한 孤寂의 深淵 속에 빠뜨려 어쩔 줄을 모르게 하였다는 것이다.

이 孤寂의 深淵은 아마 35년이란 내 생애의 긴 시간을 내 시중만을 위해 살아온 내 아내에 대한 思念의 情으로 뒤섞여 폭발된 무의식의 소산인지도 모르겠다.

동양의 풍속이 孝道에 치우친 나머지, 아내를 거드는 남편을 조롱하여 七愚의 하나로 꼽는다고 말을 비릴 것도 없이 내 아내를 누구에게 터놓고 공개하고 싶은 생각은 추호도 없지만, 바로 鬼女譚이 지닌 閑情의 美는 중국 · 한국 · 일본 등 동양, 특히 한국 전통적 여성의 閑淑美와 직결되는 공통의 요소가 아닌가 싶다.

오늘날 세계의 산업구조적 변화로 많은 가치관의 변모를 가져왔다. 두드러진 예의 하나가 소위 女性의 上位時代가 아닌가 한다. 거기서 적지 않은 남성들이 女權의 신장으로 걷어차임을 당하는 등 逆風俗의 현상이 드물게 노출하고 있음도 사실이지만, 그래도 한국은 가장 전통적이어서 많은 남성들은 위의 鬼女譚에서 풍기는 한국여성의 閑淑의 美를 크게 고맙게 여겨야 하며, 아내를 아끼고 감싸고 보호해야 할 의무가 아직도 강하게 지배되어야 할 것으로 안다.

괴테는 그의 평생작 ≪파우스트≫의 마무리에서

"영원한 여성은 우리를 이끌어 올리노라."고 노래하였지만, 만일 괴테가 한국의 여성들과 사귄 경험이 있었다면, 위의 詩句는 더 강하게, 보다 자신있게 다음과 같이 쓰여 졌을 것으로 안다.

"여성적인 것만이 우리를 영원으로 이끌어 올리노라."

— ≪새교육≫ 1989. 10. 1.

대학을 물러나면서

저희 대학 여학생 회관에 수십 년간 걸려 있던 金基昶 화백의 〈美人圖〉를 여러분께서도 보셨을 것이라 생각됩니다. 그 美人圖는 20대 전후 다섯 사람의 한국적 미인들의 소박한 그림입니다. 그 다섯 사람의 미인 가운데 나이가 가장 많아 보이는 美人이 저에게는 더욱 인상적이어서 제 짐작으로는 그 나이를 30 전후로 감상하였습니다. 그 그림이 언제 걸리게 되었는지는 알 수 없습니다만, 현재는 인촌기념관에 걸리게 되었습니다. 그런데 제가 그 〈미인도〉를 처음 본 것은 4·19 전후 강사로 있었을 때입니다. 당시 제 나이 34세. 그 인상적인 미인은 저의 동배, 어떻게 보면 제 누이뻘이 되지 않았나 생각됩니다.

그 후 제 나이 40에 이르러 저희 대학의 전임이 되어 그 〈미인도〉의 미인을 자주 보게 되었는데 그 미인은 이미 저의 동배, 혹은 맏누이가 아니고 막내누이 동생뻘로 나이차가 벌어지기 시작했습니다. 그럭저럭하는 것 없이 50대가 되었을 때는 그 미인과의 나이 차이는 훨씬 벌어져 그 미인은 어느새 저의 큰 딸로 생각되었고, 이제 정년을 맞이하는 이 마당에는 그 미인은 저의 막내딸이 되고 말았습니다.

제가 근 30년간을 고려대학교 캠퍼스에서 지내는 동안 그 〈美人圖〉의 미인은 저의 누이뻘로부터 저의 막내딸에 해당되는 동안, 저는 네 자식을 키워 거의 성가시켰고, 저도 그런대로 강의와 연구를 하면서 다섯 권의 연구저서와 두 권의 잡문을 쓰고 이제 정든 고려대학교를 떠나게 되니, 그저 '大過 없이 지냈다.'고 감히 말할 수 있겠습니다. 그동안 저를 키워준 고려대학교 당국과 선배 · 동년배 · 후배들에게 뜨거운 감사의 말씀을 드립니다.

이제 이 교정을 떠나면서 선배 · 동년배 · 후배들과 연구하고 강의하면서 지내는 동안 저희 고려대학교에 대하여 느낀 소감의 일단을 잠시 말씀드리고자 합니다.

4 · 19 직후라 기억됩니다. 본교에서 영문학을 강의하다 떠나게 된 卞榮泰 선생은 정년퇴임사에서 본교의 생활을 회고하면서 "무엇보다도 자유를 누렸고 배웠다."고 말씀한 적이 있습니다. 저도 떠나는 마당에 卞榮泰 선생과 동감인 것을 말씀드릴 수 있겠습니다. 고려대학교가 한국의 뛰어난 대학인 것은 무엇보다도 교수들에게 학문의 자유와 행위의 자유가 보장되

어 있기 때문이라 생각됩니다. 이것은 대학의 좋은 본보기로서 다른 대학에도 전수되어야 하려니와 학문과 지성의 고양을 위해 계속 유지되어야 할 것이라 생각됩니다.

또 1975년 전후라 생각됩니다. 鄭在覺 선생이 정년 퇴임사에서 본교의 생활을 회고하면서 군대 행진에 있어서 '향도의 역할'을 강조하신 것이 회상됩니다. 제가 당시 느낀 '향도의 역할'은 대학교육에 있어서 현실의 부조리로 인하여 상실되어가는 '이상'과 '비전'을 지적한 것이라 생각됩니다. 저는 본교를 떠나는 마당에 한국교육계의 교육정신이 근자부터 혼미해 가는 것을 감안하여 卞榮泰 선생의 '自由의 배움'과 鄭在覺 선생의 '향도의 역할'을 아울러서 학교 당국에게 말씀드리고 싶습니다.

다음은 본교 돈독한 사제간의 정에 대하여 말씀드리겠습니다. 오늘날 산업사회로 돌입한 후, 제자의 정도 가부장적 전통관념이 많이 사라짐에 따라 변질되고 희석화된 것만은 사실입니다. 그렇지만 산업사회에서도 산업사회와 걸맞은 師弟의 倫理가 엄연히 있어야 한다고 생각됩니다. 더구나 인간교육이 강조되는 이때, 교육에 있어서의 인간화의 회복은 무엇보다도 師弟의 윤리가 회복되지 않고는 불가능하다고 봅니다. 고려대학교는 師弟의 윤리에 있어서 남다르다는 것은 주지의 사실입니다. 저도 30년간 본교 캠퍼스에서 지내는 동안 제자들과 불쾌한 충돌은 한 번도 없었음을 자부하고 싶고, 오히려 떠나는 이 마당에 제자들에게서 뜨거운 고마움을 느끼게 되고, 건강이 허락하는 한, 사랑하는 제자들과 계속 연구활동을 하고자 합니다. 그러나 근래 자유화되는 과정에서 본교에도 불미로운 사제간의 충돌이 있어 유감이었지만, 본교의 전통적 저력으로 이것이 잘 극복되리라 생각합니다.

이제 우리나라 교육은 동양의 家父長的 전통사회로부터 산업사회로 돌입하는 과정에서 경제 물질생활은 눈부시게 발전되었지만, 계승되어야 할 전통도 희석되어 가는 것이 국학도로서 안타깝게 생각됩니다. 즉 교육의 사항과 양상은 역사의 시간적 · 공간적 물결에 따라 다양하게 변하지만, 학문과 교육정신은 영속적이고 항구적이라 생각됩니다. 제 생각으로는 대학의 목적은 학문 정신을 통한 교육적 역할에 있다고 봅니다. 오늘날 한국의 고등교육이 학문과 교육정신을 망각하고 경쟁적으로 대형화, 기업화되어만 가고 있다는 것은 교육을 책임진 분들이 한번 숙고하고 고민해 볼 만한 일이라고 봅니다.

특히 고려대학교는 열강국의 와중에서 민족의 이익을 구심점으로 창립되었고, 민족의 대학이라 자부해 왔고, 오늘도 자부하고 있습니다. 머지않아 21세기를 맞이하게 되는 이 마당에, 국제화 · 세계화를 지향하고 있는 것은 당연한 시대적 · 역사적 추세라 생각합니다. 그러나 민족적인 것이 확립되지 않는 세계화 내지 국제화는 자칫하면 본질이 제외된 虛像으로 끝날 우려가 있다고 생각됩니다. 세계주의와 민족주의는 분리 개념이 아니라, 상승 · 동위 개념이기 때문입니다.

이제 본교를 떠나면서 학교 측과 재단 측에 부탁의 말씀을 드리는 것은 저희 고려대학교의 민족대학과 걸맞은 한국학 대학과 한국학 대학원의 창설을 제언합니다.

그간 저를 키워준 고려대학교에 뜨거운 감사를 드립니다. 다만, 빚만 잔뜩 지고 떠나는 심정입니다. 앞으로 건강이 허락하는 한, 연구생활을 지속하여 제가 고려대학교에 감사하는 것이 아니라, 고려대학교가 저에게 감사할 수 있는 제가 되고자 합니다.

감사합니다.

— 1992. 8. 31.

내생을來生을 알려면

早讀經

잔잔한 평범

나의 문학, 나의 인생

'유아독존'의 미학美學

오에겐자부로와 미테랑

老境의 희열

내생來生을 알려면

사람은 누구든지 건강하게 오래 살기를 원한다. 즉 수壽·부富·강령康寧이 가능하면 영원히 지속되기를 원한다. 이것을 굳이 수욕壽慾 또는 향락주의라고 매도할 필요는 없다. 오래오래 살면서 남에게 피해를 주지 않고 도움만 줄 수가 있다면 오죽이나 좋을까. 하지만 인간은 생물학적 원칙인 '생자필멸生者必滅'에 의해 죽어야만 하는 비극적 동물이다.

나도 이럭저럭 지내는 사이에 70고개를 훌쩍 넘어섰으니 아무리 고도한 의학의 혜택으로 평균수명이 증가되어 오래들 산다고 하지만, 내가 지금 생을 마감한들 '그 친구 너무 빨리 갔어.'라는 소리는 듣지 않을 것이다. 지금 나의 솔직한 심정은 공포의 대상이 아니라 체념의 대상으로서 앞으로 사는 동안 나의 생긴 모습에 그대로 충실해지고 싶다.

이런 저런 생의 현실적 갈등에서 생겨난 것이 종교라고들 한다. 전통적인 기독교에서는 믿음의 정신적 실체가 어떻든, 하느님을 믿음으로써 영생을 누린다는 단순논리가 영생을 희구하는 대중의 심금을 울린다. 또 불교에서는 선과 악의 결과로 '윤회설' 또는 '인과응보因果應報'가 등장되어 업보에 따라 죽어 천대받는 개나 소가 된다든가, 조건이 좋을 경우 다시 사람으로 환생된다는 등의 말이 오고 간다. 그러나 내가 태어나기 전의 일을 전연 알 수가 없는 것과 마찬가지로, 죽어서 무엇이 되리라는 것은 이성의 잣대로는 도저히 알 길이 없다. 그래서 나는 일찍부터 문자적 천당이나 지옥, 또는 '윤회설'이나 '인과응보설'을 전연 믿기지 않은 황당의 인위적 대상으로 치부하였다.

나는 그간 30년간 조기등산早起登山의 즐거움을 누려왔고 현재도 누리고 있다. 이따금 외국으로 여행한다든가 또는 일찍 출근을 하게 되면, 약식으로 동네 근방의 사찰을 산책하기가 일쑤이다. 사찰 경내에는 신도들의 신심을 위해 같은 법어法語가 한 달 동안 게시되는데 지난여름에는 ≪인과경因果經≫의 '삼생연三生緣'이 다음과 같이 게시되었다.

欲知前生事 전생을 알려면
今生受者是 지금의 누리는 삶이 그것이라네
欲知來生事 내생(후생)을 알려면
今生作者是 지금의 만드는 삶이 그것이라네

나는 위의 '삼생연三生緣'을 옛날 '윤회설'과 '인과응보설'을 황당으로 돌린 것과는 달리, 귀가길에 곰곰이 생각해 보았다. 확실히 내가 태어나기 전의 일을 알 수가 없고, 또한 죽어서 개가 되든 사람이 되든 복제물이 아닌 이상 이를 실존의 밖으로 방기할 수밖에 없었다.

하지만 나는 '삼생연三生緣'에 대해 며칠을 두고 계속 생각에 잠겼다. 때로는, 강의시간에 때로는 동료교수들에게 설명하면서 동의 여부도 구하였다. 나라는 실존은 도대체 어디에서 왔다가 어디로 간단 말이냐. 나의 실체는 육체와 정신으로 되어 있음은 주지의 사실이다. 나의 육체는 우리 어머니와 아버지, 더 보태면 우리 할머니와 할아버지 그리고 우리 외할머니와 외할아버지의 피와 근육의 육체적 모습을 지니고 있고, 나의 정신과 성격도 역시 기본적으로는 부모와 조부모 내지는 외조부모의 모습을 지니고 있다. 즉, 나의 몸집이 비교적 작게 태어난 것은 부모와 조부모의 단구의 영향으로써 씩씩한 거구의 장군형으로 태어나진 못하였을 것이고, 나의 성격이 지나치게 내성적인 것은 우리 아버지의 내성적 성격을 닮았지만 그러면서도 어떤 때는 걸맞지 않게 엉뚱한 성격이 노출되는 것은 우리 어머니의 다혈질로부터 연유된 것으로 알고 있다.

내가 성장하면서 정신적으로 영향을 받은 것은 15 · 6세 중등학생 땐 진실한 신학생 윤금성尹琴成 씨로부터 그리고 대학시절엔 동급생 유정동柳正東 씨로부터이지만, 가장 많이 받아온 것은 독립지사이자 한학자이며 올곧은 선비 김창제金昶濟 선생 내외분이시다. 이분들이야말로 나의 정신적 삶에 음으로 양으로 많은 역할을 담당하였다. 외에 남으로부터 작고 큰 도움과 미움도 받아온 대로, 나도 남에게 작고 큰 도움과 미움도 주었다고 생각된다. 특히 수오지심羞惡之心에 예민하여 출세주의자 내지는 아첨과 위선에 너그럽지 않아 손해도 많이 보고 있다.

나의, 현재의 육체적 모습과 정신적 성격은 안으로는 나의 부모 · 조부모 · 외조부모, 한껏 소급하면 조상에까지, 그리고 밖으로는 윤금성 선생 · 유정동 동학 · 김창제 선생 내외분 등이 음으로 양으로 작용되어 이루어진 것이다. 즉, 이런 저런 아득한 과거로부터의 인연을 통해 나의 실존이 이루어지게 된 것이다. 이것이 좋든 나쁘든 나의 가감되지 않은 실존이다. 나의, 영겁으로부터의 인연으로 형성된 것을 비유하여 표현한다면, 간디스 강의 천문학적 수로 이루어진 모래 중 한 알도 우연히 이루어진 것이 아님과 같다. 그러므로 나의 실존도 대우주가 억겁으로부터 인연과 이연이 뒤섞이면서 이루어진 것을 생각할 때, 비록 보잘것없는 미물이지만, '천상천하유아독존'이 아니고 무엇이랴!

그러면 나의 내생은 과연 어떻게 될 것인가. 현재 나의 주업은 학문과 교육이다. 다섯 권의 저서 중 어떤 저서가 남을지 알 수는 없지만, 내가 30년간 나름대로 연구에 참여하여 귀히 여겨온 것은 '구운몽 원전의 연구'이므로 마음으로는 이 책이 남기를 원하고 있다.

나는 내생에 천당에 갈는지 혹은 지옥에 갈는지 역사가 심판할 일이지만, 확실한 것은 내가 내자와 함께 죽은 후 적당한 묘지에 합장될 것이고, 그간 키워놓은 자식들은 키운 만큼 사회에 나아가 일을 하고 있고, 내 제자들도 나의 학문과 인간을 비판적 안목으로 받아들여 옳게 심은 것은 옳은 대로 그른 것은 고쳐 가르치면서 계속 발전되어 전해질 것이 아니겠느냐.

나의 앞으로의 시간은 많지 않을 것이다. 여생이 얼마가 되든, 깨끗하고 솔직하게 살고 싶다. 거짓과 아첨은 절대 금물이다. 내가 이 세상을 하직할 땐, 콩을 심었으면 콩을 거둬들여야 하고, 팥을 심었으면 팥을 거둬들이는 것이 대우주의 질서가 아니겠느냐. 즉, 심은 대로 거두어야지 옥을 심어놓고 엉뚱하게 다이아몬드를 기대한다든가, 또는 가라지를 뿌려 놓고 큰 열매를 기대하는 따위는 과욕의 돈키호테가 아니고 무엇이랴. 내가 저지른 잘못은 내가 당연히 책임을 져야 할 일이다.

우리가 이 지상에서 사는 동안 대우주의 질서를 지키기 위해 필히 기억하여야 할 첫째 사항은 '삼생연三生緣'이 아닐까 한다.

— ≪현대수필(29)≫, 1999. 봄호.

早讀經

이제 내가 조기 등산에 나선 지도 벌서 7년이 되었다. 처음 조기 등산을 시작하였을 때는 그저 적당한 운동을 목적으로 하였고, 그후 몇 년이 지나면서부터는 목적지 안산鞍山 산정에 올라 자안 시가를 내려다보면서 그날 무슨 스트레스라도 있으면 이를 풀고 또 그날 일과를 계획하자는 것이 예사였는데, 근래부터는 조독경早讀經이라면 어폐가 있을지 모르나 나의 좌명구座銘句를 읽고 음미해 보는 것으로 일과를 삼게 되었다. 여기에 조독경이라 한 것은 '아침 일찍이 나의 생활에 거울삼아 읽는다.'는 뜻에서 그렇게 불러본 것이다. 요사이는 동지를 지난 지 불구不久라, 아침 7시 반경이 되어서야 동이 트므로 7시에 눈을 뜨면 옷을 주워입고 등산 가방에다가 그날의 세면용 비누 · 칫솔 · 치약 · 세수수건들을 챙겨 7시 반이 되어서야 목적지인 안산을 향한다. 10분 남짓하여 이대梨大 못 미처 신교로新嬌路에 이르면 으레 나보다 더 이른, 조기 등산에서 돌아오는 하산객들을 만나게 되고 그들과 다정한 인사를 나눈다.

곧바로 이대 뒷문길을 지나면서 봉원사에 이르면 8시 전후가 된다. 그러면 봉원사 어귀에서 정화수 한 컵을 들이켜고 봉원사 경내를 잠시 방황하게 되는데, 우선 대웅전에 이르러 석불에 묵례를 하고 나서 동쪽에 있는 명부전冥府殿 모서리에서 그곳 숲을 감상한다. 숲속에 무엇이 있을까마는 숲 사이로 은은히 비쳐오는 아침 태양빛을 바라보며 아침의 맛을 만끽하고 그 아름다움에 도취되곤 한다.

이것이 끝나면 조독경을 읽게 되는데, 명부전에서 다시 대웅전으로 향하는 길에 운수각雲水閣이란 소각이 있다. 운수각 첫 기둥엔 주련珠聯으로 되어 있는 '耳聽無聲絕是非(귀로 소리를 듣지 않으면 시비를 끊는다.')가 있고, 그 다음 기둥엔 '眼無所見無分別(눈으로 보는 바가 없으면 분별이 없다.)', 마지막으로 '但看心佛自歸依(단 심불을 보면 스스로 귀의한다.)'가 이어진다. 나는 이들을 차례로 읽어 내려간다. 이것이 나의 조독경이다. 그러나 위의 주련珠聯 사구四句가 나의 조독경이 된 것은 극히 최근의 일이요, 그 중 끝 구인 '但看心佛自歸依'가 발견되기까지는 그간 좀 사연이 있었던 것이다.

애초에 나의 조독경은 위의 사구四句가 아니라,

耳聽無聲絕是非
眼無所見無分別
分別是非都放下

등 삼구三句로 되었었다. 그것은 운수각의 주련이 위의 삼구밖에 해독되지 않았기 때문이다. 나는 얼마 동안 위의 삼구를 읽으며 나의 조독경으로 삼았는데, 이는 다름이 아니라 물욕을 체념시키는 데는 가장 안성맞춤인 까닭이다.

그러나 나는 체념주의니 혹은 허무주의니 하여 철학관이 확고하게 박힌 무슨 이스트(ist)는 아니지만, 솔직히 말해서 나는 기독교적인 이상주의를 신봉하는 자이다. 내가 일찍부터 불교를 좋아하는 동기도 부처의 교리가 언뜻 보아 부정의 교리 같지만 종국에는 긍정의 세계로 되돌아 온다는 데 있다. 말하자면 불교의 교리는 空에 떨어지지 말고 다시 空에서 현실로 돌아와야 한다고 흔히들 말하고 있다.

그래서 나는 앞의 주련 삼구에다가 '是非分別自有成(시비분별이 스스로 이루어짐이 있다.)'이란 나의 창의구創意句를 보태어

耳聽無聲絕是非
眼無所見無分別
分別是非都放下
是非分別自有成

이라 하여 나의 조독경으로 삼아 얼마 동안 외우며 즐겨하였고, 심지어는 내가 고대 교양학부 학생들에게서 ≪채근담菜根譚≫의 강의를 의뢰받았을 때, 위 사구四句의 조독경을 읽어가며 유 · 불 · 도(儒 · 佛 · 道)의 차이점을 내 나름대로 설명을 덧붙이기까지 하였다.

그런데 얼마전의 일이다. 안산에 오르는 길에 운수각 경내를 돌면서 역시 '耳聽無聲이면 絕是非요, 眼無所見이면 無分別이라, 分別是非를 都放下하라.'하고 나의 조독경을 읽고 난 후, 우연히 그곳 모서리 풍우에 시달려 퇴색한 기둥을 유심히 보았더니 '但看心佛自歸依'가 희미하게 새겨져 있는데 새삼 놀랐다. 말하자면 나의 창의적인 '是非分別自有成'과 '但看心佛自歸依'가 문맥상 훨씬 고차원적임에는 두말할 나위가 없다. 이제 나의 졸구拙句를 제쳐버리고 이들 사구를 순차적으로 적어보면,

耳聽無聲絕是非
眼無所見無分別
分別是非都放下
但看心佛自歸依

와 같은데, 이것은 불법佛法의 진체眞諦인 동시에 내가 좋아하는 인생의 이상주의적 교리와도 잘 어울린다.

이렇게 나의 조독경이 정리되고 나서 나는 봉원사 운수각에

이르러 매일 아침 이를 읽으며 그날의 스트레스가 있으면 이를 해소하곤 한다. 이 조독경이 무사일無事日엔 별로 실감을 주지 않지만 불안 · 스트레스가 있을 경우, 이를 두번 세번 음미하는 가운데 내 마음은 비로소 제자리를 찾는다.

조독경의 읽기가 끝나면 나는 안산 산정을 향한다. 산정에 올라 서울 장안을 조감할 때 다시 조독경을 외우며 이따금 명경지수明鏡止水의 경지를 획득할 때가 한두 번이 아니다. 그럴 때는 풀 한 포기, 나무 한 그루, 돌 하나도 모두가 나의 즐거움과 어울린다. 나는 하산하면서 그 날의 일과를 이리저리 정리한다. 그러면 그 날을 마냥 즐거운 하루를 보내게 되는 것은 물론이다. 이 조독경을 특히 지천명知天命에 처한 나의 친구들에게 권하고 싶다. 그것은 이 조독경의 묘미를 터득하는 것이 바로 천명을 아는 것이 아닌가 하는 생각에서이다.

— 〈高大教育新報〉 1977. 1. 15.

잔잔한 평범

아침 등산을 시작한 지 근 30년. 나의 아침 등산 코스는 거의 일정하다. 동네 골목길을 빠져 나와 신작로를 거쳐 안산 입구에 들어서면서부터 녹음 길을 서서히 올라가 정상 가까운 중턱에 이르러 꼬부라져 내려오면서 녹음 숲으로 진입, 녹음의 내음에 도취되어 가슴을 열고 멀리 떨어진 시가지의 이모저모를 바라보면서 이 생각 저 생각 공상을 즐긴다.

나는 아침 등산으로 철따라 변해가는 안산의 자연미를 남보다 더 보태어 감상하면서 살아왔고, 그 추이에 대하여 여러 차례 설경과 앙상한 가지, 단풍 또는 꽃 시절에 대한 글도 썼지만, 가장 인상적인 것은 5월의 신록을 시발로 짙어가는 녹음화의 계절을 썼을 때인 것 같다. 녹음의 계절이야말로 우리 부조리한 인간에게 생명의 푸름으로 희망과 의욕을 담뿍 안겨 주는 계절의 대왕이 아닐 수가 없다.

이제 70고개를 훌쩍 넘어선 마당에 인생의 실존이 무엇인가 적이 감이 잡히고, 아침 등산으로 매일같이 접하게 되는 안산의 녹음은 자연미의 극을 이루면서 나의 영원한 고향처럼 느껴진다. 어느 80노옹의 화백은 늙으면서 산이 그렇게도 가까이 느껴져 애착이 가더라는 말을 들은 적이 있는데, 아직 80도 안 된 나도 역시 산, 특히 청산은 내가 묻혀야 할 가장 가까운 이웃으로 느껴진다. 녹음과 자연, 자연과 녹음, 정말로 녹음은 자연미의 극치를 이룬 본질의 이미지요 상징인 것 같다.

녹음은 우리에게 갈등과 부조리를 극복하게 해줄 뿐 아니라, 더 나아가서 하늘과 땅, 삶과 죽음, 기쁨과 슬픔으로 뒤범벅이 된 이 사바세계의 대對를 단절시키는 낙원으로 인식하게 한다. 이 자연의 낙원이야말로 사람이라면 누구나 좋건 싫건, 종교인이건 비종교인이건, 정신주의자건 물질주의자건, 동양인이건 서양인이건, 누구나 가야 되고 가게 될 축복의 땅이 아니고 무엇이랴!

인간은 자연에서 각자 인연에 따라 이 지상에 탄생되어 누구든 고락을 마음껏 누리다가 삶의 흔적을 남기고 다시 자연으로 돌아가야 할 자연 회귀의 동물이다. 그러므로 자연은 인간을 낳아 준 어머니이며 생이 다하여 돌아갈 때, 따뜻하게 받아주고 품어 주는 '모성' 바로 그것이다.

아! 풀 한 포기, 나무 한 그루, 돌 한 덩어리가 대지에서 인연에 따라 태어나 자연미를 마음껏 발휘하여 갖은 스트레스로 지친 우리 인간들의 아픔을 풀어 주고 아름다움으로 적셔 준다. 인간이 젊어서도 과연 자연의 푸름을 이처럼 고마워했을까? 나는 어렸을 적에 토끼를 키우기 위해 풀을 뜯다가 때로는 엉겅퀴에 찔려 상처를 입기도 하여 귀찮게 여기기도 했지만, 늙어서부터는 풀 한 포기, 돌 한 덩어리, 이름 없는 들꽃에서도 조물주의 신비를 읽는다.

신은 너무나 높고 멀고 깊어서 감히 접근할 수도 없고, 헤아릴 수도 없지만, 자연을 통해 신의 모습과 정신을 엿볼 수가 있다. 즉 자연은 신의 모형이요 그림자다. 만물의 영장인 우리 인간뿐만 아니라, 하등 동물이나 식물에게도 좋건 나쁘건, 잘생겼건 못생겼건 선별 없이 아름다움과 혜택을 주는, 그 한없이 너그러운 것이 정말로 '무한한 사랑'이 아니고 무엇이랴! 그야말로 진노도 없고 선별도 없다. 공평과 평등, 한없는 사랑이 있을 뿐이다.

나는 어느새 70고개도 넘고 80을 향해 가고 있다. 하지만 '마음의 하는 바에 따라도 잣대에 어긋나지 않는다(從心所欲不踰矩).'는 경지는 까마득하지만, 나의 머지않은 최후를 의식하여 '가전십훈家傳十訓'을 작성하였는가 하면, 지난 신록의 계절엔 잠자다 새벽녘 비몽사몽간에 다음과 같이 자비사自碑詞를 작성하였다.

어리게 살았으나
하느님은 도우셨네
천명을 누리다가
자연으로 돌아가네

生面守拙 天公保佑
樂夫天命 歸法自然

지난 생애를 회고해 보건대, 외딴 시골 촌락에서 태어나 중류 가정에서 자랐으나 고등교육도 마치고 장가들고 학문 생활을 즐기면서 2남 2녀를 모두 고등교육을 마쳐 짝지어 손자 손녀의 재롱도 즐기다가 머지않아 이 세상을 떠나게 될 것을 생각하면, 남이 부러워할 것도 없고, 그렇다고 기피할 것도 없는 평범한 생활을 대과 없이 누렸다고 생각한다.

나름대로 잔잔한 물 흐름 속에서 '근심 속의 즐거움과 즐거움 속의 근심(憂中有樂 樂中有憂)'의 물결을 탄 것을 생각하면, 어쨌든 무난하고 평범했다는 생각이 드는 것이다. 이같이 나 스스로를 어리석다고 자부하면서도 도연명陶然明의 〈수졸守拙〉을 좋아한 나머지 이를 효방하여 뒷전에서 살았지만 하늘이 도와 아름다운 천명을 누리다가 내가 태어난 고향인 자연으로 돌아갈 것이라 스스로 삶의 매듭을 지어 본 것이다.

내 70평생이 큰 인물에는 이르지 못하였지만, '잔잔한 평범'

으로 천명을 즐겼으니 다시 무엇을 바라겠는가. 내가 돌아갈 자연이야말로 누구나 돌아가게 될 낙원이요 천국이요 극락인 무無 그것이리라.

— ≪에세이문학(71)≫, 2000. 가을호.

나의 문학, 나의 인생

1. 움집에서 듣던 이야기

내가 언제부터 문학작품을 접했는지는 정확히 기억되지 않는다. 하지만 작품의 이야기를 듣기 시작한 것은 대여섯 살 적부터라고 생각된다. 즉 시골의 한농기인 겨울철이면 동네 사람들이 공동으로 지어놓은 움집(얼어붙은 10여 평의 밭을 사람 키만큼 땅속을 파서 만든 일종의 휴식처)으로 노, 소년할 것 없이 모여들게 마련인데 장년들 중 목청이 좋은 이가 이야기책을 대표로 읽을 때 함께 듣고 아는 둥 모르는 둥 흥미와 호기심을 느낀 것이 어렴풋이 생각난다.

초등학교 상급반, 아니면 중등학교 초급반 사이인 1930년대

말기의 일이다. 당시 동네에서는 저녁이면 특정한 집에 모여 나이가 많은 기성세대는 소위 이야기책을 읽는 것이 일쑤이고, 좀 개화된 젊은 세대는 춘원 이광수의 소설 ≪그 여자의 일생≫, ≪흙≫과 월탄 박종화의 ≪금삼의 피≫ 등이 인기 있게 읽혔다. 그때 소설적 감각이 둔한 나는 이들을 듣기만 하였고 그 후 내가 처음으로 작품을 읽은 것은 박계주의 ≪순애보≫이다. 지금도 남주인공 최문선과 여주인공 윤명희의 희생적인 거룩한 사랑의 장면이 아직껏 기억되고, 그 후 이광수의 ≪사랑≫, ≪흙≫, 이태준의 ≪구원의 여상≫, ≪딸 삼형제≫ 등을 읽고 적지않은 센티한 감명을 받았다.

중학교의 상급반 때는 당시 학생들이 현학을 과시하는 듯 유행적으로 톨스토이의 ≪부활≫, 혹은 도스토엡스키의 ≪죄와 벌≫ 등을 책가방에 끼고 다녔고, 나도 그 작품을 충분히 이해도 못하면서 읽는 척하였지만 내가 기독교신자로서 감명 깊게 읽은 것은 역시 빈민 구제운동가인 일본인 목사 가가와 도요히고(賀川豊彦: 1888~1960)의 금서로 된 ≪사선死線을 넘어서≫이다.

2. 톨스토이의 무저항주의에 심취하던 시절

해방 후 대학에 들어가서는 외국어 공부와 문학, 내지는 철학사상의 교양서적 등을 거의 의무적으로 읽었지만 초학년 땐 톨스토이의 무저항주의에 감명되어 그의 ≪부활≫, ≪전쟁과 평화≫, ≪안나 카레리나≫ 등을 읽었을 뿐 아니라, 마태복음 5, 6, 7장의 '산상수훈Sermoss on the Mount'으로 이루어진 ≪톨스토이의 성서≫를 애독하고, 더 나아가서 영어성경 '흠정번역판Aurhorixed Version'의 ≪산상수훈≫을 줄줄 외우면서 톨스토이의 무저항주의에 더욱 심취하였다. 한편 도스토옙스키의 ≪죄와 벌≫과 그의 전기도 읽고 당시는 깊이 이해하지 못하였지만 그의 작품 속에 내재한 인도주의는 나의 지적 성장에 거의 평생을 좌우하였다고 해도 과언은 아니다. 즉 윤리는 기계화되면 역윤리에 떨어지게 되고 참된 윤리야말로 인간의 상황에 따라 무한히 창조되어야 한다는 것이다.

대학 상급반 시절엔 니체의 초인주의에도 심취되어 그의 ≪짜라투스트라는 이렇게 말하였다(Also sprach Zarachuscra≫와 전기를 읽고, 실은 용기도 없는 주제에 마치 초인(Ubermensch)이나 된 듯 한때 초인우월주의에 빠진 적도 있었다. 하지만 나의 의식을 깊이 휘감은 것은 괴테의 ≪파우스트(Faust)≫이다. 그 난해한 괴테의 ≪파우스트≫를 읽게 된 동기는 문학개론 시간에 담당교수인 청천 김진섭 선생이 독문학자로서 ≪파우스트≫를 소개하면서 우리나라 문단에 ≪파우스트≫를 이해할 수 있는 사람은 댓손가락에 꼽힐까 말까 하다는 말씀을 듣고, 나는 어떻게든지 이를 독파하기를 결심하였다.

난해한 ≪파우스트≫를 읽기에 앞서 나는 소위 나폴레옹이 바쁜 전쟁 중 일곱 번이나 읽었다는 괴테의 처녀작인 ≪젊은 베르테르의 아픔(Die Leiden des jungen Werchers)≫을 구하여 읽고 내가 마치 여주인공 샤르 롯데에 의해 실연이나 당한 듯 베르테르의 실연의 아픔을 동정하고 당시 현 서교동과 성산동 일대에 한없이 펑퍼진 가을의 어울거리는 황금빛 벼의 물결의 오솔길을 방황하면서 어느 짝사랑의 아가씨를 몹시도 그리워하였던 적이 있다. 이는 나의 '폭풍과 노도(Scurm und Drang)'의 젊음의 절정기에 해당되며, 이제 생각하면 아름답고 순수한 한 폭의 그림 같다. 정말로 젊고 아름답고 순수한 절정기로서 나는 옛날 18세기 영국의 시인 셸리(P.B. Shelley: 1792~1822)가 그의 〈비탄(a lament)〉에서 되돌릴 수 없는 청춘의 영광을,

오 세상이여! 오 인생이여! 오 세월이여!
나는 그대들의 마지막 단계에 기어 올라가
내가 이전에 섰던 곳을 회상하며 불불 떠노라.
언제 다시 그대들의 청춘의 영광이 돌아오려나?
아니 더는 — 오 결코 돌아오지 않으리!

라고 읊은 심정보다 더 빼저리게 그리울 뿐이다.

그 후 ≪파우스트≫를 읽어내기 위해 평생을 괴테 연구에 보낸 일본인 교수 기무라 긴지(木村謹治)의 ≪괴테연구≫와 ≪파

우스트 연구≫를 어렵스레 읽고 이어 ≪파우스트≫의 원문 및 영역본과 일역본을 구하여 대조하면서 정독하였지만 너무 난해해서 마치 터널을 지나면서 외계를 구경하듯 어렴풋하게 이해하였을 뿐이다. 하나 분명한 것은 기독교적 시점에서 인간인 선악의 파우스트가 신(Gott)과 악마(Mephistopheles)의 사이를 오가며 방황하지만, 끝내는 신에 의해 구원된다는 그 구원의 미학은 바로 기독교의 고난과 극복을 통해 이루어지는 '욥기'의 형상화로서 지금껏 나의 인생행로에 문학적, 철학적, 종교적 구원의 미학에 해당된다는 것이다. 이것이 내가 70대 노경에 이르러서도 ≪파우스트≫를 '문학적 바이블'로 받아들이고 있는 까닭이다.

6 · 25 동란 중, 특히 1 · 4후퇴 때는 제2 국민병으로 나아가 추위와 굶주림으로 모질게 시달렸다. 나의 피난짐은 담요와 식기 외에 독서물로서는 기싱(G.R. Gissing: 1857~1903)의 ≪헨리 라이크로포트의 사적 수필(The Privace papers of Henry Ryecroft)≫과 영어성경 흠정번역판이다. 나는 수용소에서 추위와 굶주림을 견딜 수 있게 한 것은 오직 매일 일과로 읽는 성경과 기싱의 수상집이다. 특히 기싱의 빈곤으로 리듬을 이룬 문체는 나의 가난스런 고통을 극복하게 하였고, 흠정번역판의 시적 문체와 고전미는 나로 하여금 평생을 엄숙하고 고전적 신앙 속으로 이끌게 하였다. 나는 지금도 두 애독서를 간직하고 있다.

내가 진작부터 문학작품을 읽고 공부하게 된 것은 작품의 감동이나 누구의 권유에서가 아니라, 지금 회상해 보아도 천성의 기품이요 취미인 것 같다. 덧붙이면 조용한 시간에 독서하기를 좋아하는 타고난 취미인 것 같다. 8·15해방 후 많은 학생들이 정치, 경제, 법률과에 몰리는 마당에 나는 한치의 요동도 없이 문과를 택하였지만 본래는 영문과로 가서 세계 문학의 백미인 영문학을 공부하고 싶었다. 하지만 당시 학생들의 지망은 지금과 같이 유행적으로 영문과로 쏠리는 바람에 나는 영문과를 유보하고 우선 자국문학을 공부한 후에 영문학을 공부하겠다는 큰 포부를 품고 국문과를 지망하였다. 그러나 그 후 기회는 주어지지 않아 평생을 자국문학을 공부하게 되었지만, 지금은 오히려 다행으로 생각한다.

3. 정년퇴임을 전후에 다가온 수필문학

정년퇴임을 전후하여 나는 남사 정봉구 형의 추천으로 수필문우회에 참여하여 수필문학의 이모저모를 배울 수 있었고, 또한 죽헌 이상보 박사의 권유로 기수회에 참석하여 수필문학의 다양성을 경험하고 익힐 뿐 아니라 현역 수필가들과 우정을 나누며 나 스스로도 적지않은 수필을 써 때로는 분외의 '수필가'의 호칭도 듣게 되었다.

나는 애진작 학문하는 여가에 수필을 가벼운 마음으로 써왔기 때문에 수필은 누구나 쓸 수 있는 것으로 알았다. 그러나 내가 정년퇴임 후 막상 현역 수필가들과 대화를 나누며 수필을 써온 경험에 의하면, 수필만큼 어려운 것이 없는 것 같다. 수필문학이야말로 문학의 시, 소설, 희곡 등 각종 장르의 규격화된 형식 중 어느 한 형식에 얽매이지 않는 자유로운 틀로서 누구나 쉽사리 써낼 것 같지만 실은 가장 어려운 틀이 수필의 내용과 형식인 것 같다. 요는 문학이라는 장르 자체가 인생의 사상과 감정의 나름대로의 구체적 표현인 것은 다 아는 일이지만 수필문학은 특히 작가의 연륜과 경험 그리고 철학, 종교 등의 인문과학 및 사회과학, 심지어는 자연과학의 이모저모의 문제까지 포괄되는 폭넓은 역량이 하나로 응집되어 이루어지는 것이 수필문학의 세계가 아닌가 한다. 말하자면 수필문학의 폭넓은 이해와 표현은 연륜과 경험이 진행될수록 더욱 터득되고 깊어지는 것만 같다. 그러므로 수필문학이야말로 전인생의 문제를 담는 그릇인 것 같다.

요사이는 문학의 폭도 많이 변하고 있다. 옛날에는 문학과 철학이 완전히 분리되어 문학 측은 철학을 등한히 하였고, 철학측은 문학을 등한히 한 것 같지만 요사이는 소위 포스트모더니즘의 다원화시대에 이르자 문학이 철학이요 철학이 문학으로 접맥되어 한데 얽혀 용어도 '문학철학', 또는 '철학문학'이 생겨나고 있다. 이런 문학과 철학이 응결된 틀의 선구자자 바로 2천여 년 전의 제자백가諸子百家 중 노자와 장자가 그것의 거작이 아닌가 생각된다. 서양 지성사에서 이와 같은 문학과 철학이 하나로 응결되어 성공된 작품이 괴테의 ≪파우스트≫, 니체의 ≪짜라투스트라는 이렇게 말하였다≫가 아닌가 하고, 또 근자의 사르트르의 ≪구토≫와 카뮈의 ≪이방인≫ 등이 이에 해당된다고 본다. 즉 문학과 철학의 간격이 없어진 셈이다.

— ≪수필문학≫ 1999. 4.

'유아독존'의 美學

유아독존唯我獨尊은 천상천하 유아독존天上天下唯我獨尊의 준말이다. ≪전등록傳燈錄≫에 보면 석가세존께서 이 지상에 태어나자 한 손으로는 하늘을 가리키고, 또 한손으로는 땅을 가리키며 '천상천하 유아독존'(하늘 위나 하늘 아래 오직 나만이 홀로 존재할 뿐이다.)이라고 외쳤다는 이야기가 나온다. '유아독존'은 이미 불가의 단독적인 말이 아니라, 일반 사회에서도 널리 쓰여지는 보편적인 말이 되었다. 그렇지만 그 말의 쓰여지는 용도가 석가세존의 본래 뜻과는 달리, 문자 그대로 독존적, 이기적, 자기중심적 말로 쓰여지고 있음을 생각하여, 이를 바로잡아 '유아독존'이 지닌 참뜻을 제시하고 아울러 그 뜻이 지닌 미학을 음미해 볼까 한다.

'유아독존'은 석가세존이 인간 해방을 선언한 말이라는 것을 우선 밝혀 두고 싶다. 하늘 위나 아래 오직 나만이 홀로 존재할 뿐이다는 뜻은, 석가세존만이 존재하고 나머지 중생들은 존재하지 않는다는 독존적인 뜻이 아니라, 석가세존으로 대표되는 '나'는 모든 중생들 누구에게나 해당된다는 것이다.

즉 '나'가 지닌 뜻은 주체인 '나'와 객체인 '너'와의 대립 관계를 이루지만 객체를 중심으로 본다면, 객체인 '너'가 주체인 '나'가 되고 주체인 '나'는 객체인 '너'가 됨으로써, 결국 주체와 객체가 모두 '나'의 독존적 위치를 지닌다는 것이다.

그러므로 '유아독존'의 '나'는 사람이면 누구나 온 천하에서 독존적 위치를 지닌 가장 귀한 존재가 됨을 전제로, 주체인 내가 독존적 대우를 받아야 할 권리가 있는 것같이, 객체인 나도 독존적 대우를 하여야 할 의무가 있음을 잊어서는 안된다. 그렇지만 '유아독존'이 지닌 미학은 주체인 내가 독존적 존재라는 것보다는 객체인 남이 독존적 존재임을 인식케 하는데 더 뜻이 있는 것이라 보아진다. 천상천하에 오직 독존하는 '나'의 본질과 효용은 무엇보다도 생명의 존엄성에 있다. 결국 인간 해방이라는 것도 생명의 존엄성으로 되돌아간다.

특히 '유아독존'을 생명의 존엄성을 위주로 하여 볼 때, '나'라는 것은 절대적 위치에까지도 승화된다. 이 '생명의 존엄성'의 절대적 승화는 불교뿐만 아니라, 모든 종교가 내포하듯이 예수도 생명의 존엄성을 천하에다 비유하였다.

석가세존이 '유아독존'을 외친 지가 이미 2500여 년이 지났

건만, 아직도 이 지구상에는 동양과 서양의 인종적 차별, 남자와 여자의 성적 차별, 높고 낮은 자리의 계급적 차별, 가진 자와 못 가진 자의 빈부의 차별 등, 허다한 부조리가 횡행하고 있음은 우리가 잘 아는 일이다.

그뿐이랴! 우리 한국에선 특히 지난해부터 성 고문, 물 고문 등 생명의 존엄성을 짓밟는 끔찍스런 사건이 있었음을 상기할 때, 다시는 회상하기도 싫은 이 사건으로 모두가 역사의 죄인이 된 것을 깊이 책임지고 참회하여야 할 일이다.

이제 이 해도 저물어 가고 있다. 얼마 전 민주 헌법의 개헌이 이루어짐으로써 정가에는 대통령 출마로 각지를 누비고 다니며 군정의 종식, 빈부의 격차를 없애고, 정의사회, 지상 낙원을 만들겠다는 등 외치고 있다. 지금 정치인들이 나라를 바로 잡겠다는 모든 약속이 구두선口頭禪이 되지 않게 하기 위해서는, 석가세존이 외친 '유아독존'의 뜻을 음미하고 반성하여 생명의 존엄성을 터득하는 일이다. 생명의 존엄을 터득치 않는 정치인이 만에 일이라도 최고의 책임자가 된다면, 다시 살생의 비극은 재연될 것이다.

이 해도 저물어 간다. 우리 집 뜨락엔 매일같이 낙엽이 우수수 쌓인다. 더욱이 감나무는 벌써 앙상한 가지에 감이 주렁주렁 달려 있을 뿐, 이미 머지않은 겨울을 예고하는 듯하다. 이 해의 갖가지 슬픈 부조리, 대형의 경제적 사건, 신성하여야 할 국회에서의 난투극, 위정자들의 뻔뻔스런 거짓 증언, 특히 성

고문, 물 고문 등 생명의 존엄성을 짓밟는 끔찍스러운 사건은 제발 우리 집 뜨락의 낙엽처럼 사라지기를 부처님 앞에 합장하여 빈다.

— ≪佛敎(12)≫ 1987. 12. 1.

오에겐자부로와 미테랑

근자에 두 거물이 큼직한 세계적 뉴스를 동시에 우리들에게 남겨 놓았다. 하나는 영예의 노벨문학상을 수상한 일본인 작가 오에겐자부로요, 다른 하나는 죽음의 아픔을 능히 초극하고 대통령직을 감당한 프랑스의 대통령 미테랑이다. 두 사람의 인간적 초극의 승리는 20세기를 넘어서려는 이때, 너무나 큰 감동과 용기와 강인성을 나약한 우리 인간들에게 주었다. 인간이 강한 능력의 소유자임을 두고 말한다면, 파스칼의 말과 같이 자기보다 무한대의 크기로 형성된 대우주를 미세한 뇌리에 넣고 요리조리 조정하는 창의력을 발휘하고 있는 경우이고, 약하고 못된 것을 두고 말한다면, 자연물 가운데 가장 약한 갈대의 존재로서 최근에 우리 사회에 일어난 바와 같은 반역의 자식이 금이야 옥이야 키운 어버이를 몸소 칼을 대고 죽인 경우이거나, 혹은 연암燕巖이 이른바 젖이나 알 같은 자질구레한 것을 보약으로 즐기며, 심지어는 개미알젓 담아 효한답시고 조상에게 제 지내는 등 그 잔인성과 박덕성의 경우가 이에 해당될 것이다.

문화와 역사를 주동적으로 영도해 왔다는 소위 한국의 문화 · 지성인들의 가장 취약한 것으로는 내가 보기엔 금전과 죽음의 문제가 우선하여 이에 해당되리라고 생각된다. 즉 한국의 문화 · 지성인들이 표면적으로는 가장된 선비로 금전의 문제를 기피하면서도 실제에 있어서는 명분에 맞건 아니건 다다익선을 묵시적으로 선호하고 있고, 생사일여生死一如라고 인생관을 피력하면서도 죽음에 임박하여 내일 사과나무를 능히 심을 사람이 과연 얼마나 될 것인가고 스스로 곰곰이 생각해 볼 때가 있다.

오에겐자부로는 노벨문학상을 획득한 영예로 일본 천황이 주는 거금의 상금을 거절한 나머지, 우익단체들의 심한 공격을 받았다고 한다. 그 거금의 상금을 거절한 이유는 확실히는 알 수 없지만, 그가 거부하는 천황제도 때문이라고도 하고, 혹은 이미 노벨 상금을 탔는데 다시 이중의 상금을 받게 되는 모순성에 있다고도 한다. 어찌됐든, 그 상금이 20년간 매달 기천만 원씩 주어지는 그 거금을 거절한다는 것은 내가 생각하기엔 천인天人의 양식良識이라고 아니할 수가 없다. 게다가 그에게는 뇌성마비의 외아들이 있으니 말이다.

오에겐자부로는 한편 국제적 인도주의자로서 우리의 어둡고 암울했던 때에 구박을 받던 의로운 김지하金芝河 시인을 존경했고, 구명운동까지 벌였다는 것을 들었을 때, 그의 지역성을 뛰어넘은 정의감이야말로 우리의 어용문인들과 출세 지향적 지성인들이 두고두고 반성해 볼 만한 과제라고 여겨진다.

미테랑은 80에 가까운 고령임에도 불구하고 처지고 가난한 사람들의 편에 서는 정치인으로서 10여 년간의 임기 중에 사형제도 폐지 · 권력의 분권화 등 공적의 대통령직을 능히 수행하고 있는 것에서도 존경이 가지만, 정치 노선이 다른 극좌極左의 부인과도 평생을 살고 있는 그의 생각의 융통성에 대해서도 더욱 존경이 간다.

그뿐이랴! 최근에는 그가 불치의 암에 걸려 시한부 인생으로 죽음의 그늘에서도 능히 대통령직을 수행하는 그 초인적 강인성에 있어서는 머리가 숙여짐을 넘어서서 나약한 우리 인간들에게 죽음의 운명을 극복하게 하는 용기와 힘을 부여해준다. 지난번 김영삼 대통령이 방불하였을 때, 부인과 함께 비행장 현지까지 나와 비록 초췌한 듯함을 엿볼 수 있지만 김 대통령을 맞는 그의 늠름한 모습을 보고 정말로 비범한 정치인인 줄 알고 놀랐다. 요사이는 임기를 열흘 남짓 남겨둔 상황에서도 중책을 마무리하기 위해 영국과 독일을 거쳐 볼일을 보고 다시 러시아의 전승기념행사에 참여하는 등 정말로 내일 종말이 닥칠지라도 사과나무 외에도 능금나무까지 여유있게 보태어 심을 수 있는 대인大人임을 실감할 수가 있다.

우리 인간은 죽음 앞에 너무나 약한 존재이다. 비록 생각으로는 우주를 휘감는다고 하지만, 막상 그것 앞에서는 지푸라기라도 잡고 싶은 것이 인간이다. 이런 점을 감안할 때, 미테랑의 초인적인 죽음의 극복은 성자의 죽음과 대등되는 것으로서 후자의 것을 흔히 고요 속에서 이루어지는 거룩한 죽음이라고 한다면, 전자의 것은 뛰면서 일하면서 주어진 책무를 다하는 생산적인 죽음이라면 어떨까 한다.

오에겐자부로는 노벨문학상을 획득한 후, 한국문인협회의 초청으로 한국에 와 특강과 인터뷰를 하는 가운데 모국인 일본의 침략성을 공격하고 아시아의 약소국들에 대한 적극적인 관심을 보였다. 한편, 그의 문학적 목적도 아시아의 화해와 공생을 모색하는 것이기 때문에 일본 작가이기보다는 아시아 작가이기를 원한다는 사실도 밝혔다.

특히 한국문인협회의 초청에 응해 온 이유를 지난날 일본의 침략에 대해 사죄하는 뜻으로 왔다고 한다. 더욱이 그는 한국민담과 민중극에 깊은 관심을 지니고 있을 뿐 아니라, 그것들이 그의 적지않은 문학의식 속에 반영되었다는 것을 밝힌, 말하자면 깊숙한 문학적 한국통의 한 사람이다. 이 밝은 세상에도 일인들의 적지않은 극우파 정치인들이 아직도 그들의 침략을 정당화하고 미화하는 것과 대비해 보라. 얼마나 오에겐자부로의 친한 의식이 우리에게 거룩한가를. 나는 그의 친한 의식이 정치적 내지 인기 전술적 제스처가 결코 아닌 순수한 지성인의 문화의식에서 이루어진 것임을 자부하고 싶다. 그것은 그가 노벨문학상을 받는 자리에서도 서슴지 않고 일본의 침략성을 공격한 것과 연계해 보면 더욱 뚜렷해질 것이다. 최근엔 ≪추한 일본인日本人≫을 써서 베스트 셀러를 이루었다고 한다. 아마 내 생각으로는 일본이 아시아에서의 격에 맞지 않는 우월감을 갖고 있는 한, 그는 죽을 때까지 일본의 비리를 고발할 것으로 믿는다.

우리 한국의 자국에 대한 문화적 시각은 긍정적인 경지를 넘어서서 미화 일변도에 치우쳐 오지 않았는가 생각된다. 부정적일 때는 민족 반역자로 몰릴 때가 종종 있다. 우리는 세계화가 되려면 과거를 눈감으면 현재는 눈이 멀게 된다는 역사의 교훈이 있는 바와 같이 자아에 대해 긍정적이든 부정적이든 자유로운 시각이 보장되어야 할 것이다. 어찌 보면, 오에겐자부로와 같은 반역적 작가가 있다는 것 자체가 일본의 큰 힘을 떠받치고 있다고 보아지기 때문이다.

우리는 이번 오에겐자부로와 미테랑에게서 너무나 큰 문제를 배웠다. 인간 생활사에서 가장 지키기 어려운 금전과 죽음의 문제를 실증적으로 그리고 구체적으로 그들은 이루어 놓았다. 이제 20세기를 넘어 21세기를 맞이하려는 이때에도 세계적 두 거인이 존재하고 있는 것과는 달리, 우리는 50년이란 기나긴 분단 속에서 아직도 민족의 비극인 이데올로기의 문제를 해결하지 못하고 '빨갱이', '죽일놈', '미 제국의 주구', '조문 파동' 등 어리석은 소아병에 휘말리고 있다. 나는 이에 처절한 비애를 느끼면서 오에겐자부로와 미테랑의 사상과 행동에서 이데올로기의 극복 논리와 아시아의 공존의 꿈을 은근히 꾸어 본다.

— ≪계간수필≫ 1995, 가을.

老境의 희열

내가 어렸을 적에는 40대만 되어도 촌인村人들이 초로初老의 행세를 한 것이 사실이다. 40대가 되면 내실에서 사랑방으로 쫓겨나와 거동하면서 펑퍼진 들판을 바라보며 담뱃대로 여기 저기의 일거리를 일꾼들에게 지시하며 감독하는 그 모양은 문명의 공해에 의해 질식되는 듯한 오늘날, 이제 회상해 보면 한 폭의 아름다운 풍경화가 될 만하다.

그러나 요즈음에 와서는 초로의 경지는 아무래도 나와 같은 60대의 고개를 설설 넘어서는 경지가 이에 해당되리라고 본다.

사실이지 요즘의 경우는 50대가 한창이란 말이 나돌고 있는 것같이, 나의 경우도 50대에 비교적 혈기 왕성했던 것 같고, 60대 초에 이르러도 별로 늙음을 의식하지 않았는데, 교수생활의 65세에 정년이 되면서부터 차츰 시력의 근시도 원시로 바뀌어 가고 있고, 더구나 기억력이 점점 약화됨에 따라 의욕이 감소되는 등 이제 나는 시간의 나이테(年輪)에 어쩔 수 없이 늙음을 자인하게 된다.

나의 생과 건강 상태가 어떻게 진행될지 확적히는 알 수 없다 하더라도 주변의 선배 · 동배 · 후배들의 모습을 짐작으로 60대를 기준으로 초로初老, 70대를 중로中老, 80대를 대로大老로 규정하면 어떨까 한다. 거기서 나의 건강상태로 보아 나 스스로를 초로로 보면 과히 틀림이 없을 것으로 짐작된다.

노경老境에 이르면 늘어나는 주름살, 꾸부정한 모습, 느릿한 행동은 말할 것도 없고, 더구나 정력과 의욕이 쇠잔해지게 마련인데, 이를 본 청년들은 그네들의 씩씩한 의욕과 정력과 대조시켜 늙은이들은 아무런 희망과 쓸모가 없는 가엾은 대상물로 생각할 수도 있을 것이다. 그렇게 희망이 있는 것은 아님은 사실이지만, 절망적으로 파악된 것은 크나큰 오류라는 것이다. 오히려 늙어가면서 때로는 나름대로 경험하는 즐거움의 세계가 있고, 한편 젊은이들이 과다한 의욕으로 심한 갈등을 느낀 나머지, 마침내 고통의 수렁에 빠지는 그런 대상은 자기의 한계를 미리 알고 일찌감치 체념하여 마음의 고요를 찾는 것은 늙은이들만이 지닌 특권인 것 같다. 그뿐이랴! 인생의 기나긴 삶을 통하여 얻어진 익숙한 사고에서 각종의 부닥치는 사건을 바라보고 처리하는 그 원숙성은 결코 젊은이들이 흉내도 낼 수 없을 것이다. 지금 13억 인구를 비밀리에 호령하고 영도하는 태노장太老丈의 등소평, 또 근자 클린턴이 해결 못하는 북미北美의 걸림돌도 척결하려는 카터 전 대통령, 이것들이 노경의 원숙성을 극명하게 보여 주는 것이 아니고 무엇이랴? 노경의 원숙성은 학문에 있어서도 예외일 수가 없다. 성리학의 대가인 주자朱子나 퇴계의 중요이론도 거의가 6, 70대에 이루어졌고, 서양철학의 대석학 칸트의 중요저서 역시 그의 6, 70대의 노경에 완성되었다는 것을 생각한다면, 젊은이들이 이들을 본받고 한참 분발해야 할 것이다. 정말로 대기만성을 알아야 한다.

30대의 젊은 나이에 임어당林語堂의 수필 한 장면을 읽은 적이 있다. 늙은이가 밖으로 아장아장 걸어 나아가는 손자의 뒷모습을 보고 희열을 느낀다는 것이 아직도 기억된다. 그때 앞날이 멀지 않은 늙은이에게 희열이 있다는 것이 전연 나에게 이해가 되지 않았다. 그러나, 이제 노경에 들어서자 '할아버지'라는 호칭이 그렇게 거부도 되지 않으려니와 손자 · 손녀가 6, 7명이나 되고 보니 임어당의 희열을 실감할 수 있는 것 같다.

지난여름 방학엔 외국에 있는 손자녀석이 우리 집에 와 있었다. 따라나와 동거하고 있는 외손자가 유치원에 다님에 손자녀석도 이곳 풍습을 익힐 겸 유치원에 잠시 함께 다니게 하였다. 나는 점심때가 되면 독서와 원고 쓰기를 중단하고 한때 손자녀석들이 돌아오기를 기다리는 것으로 낙을 삼았다. 돌아오는 시간이 되자, 초인종이 울리며 가방을 메고 돌아오는 손자들의 모습을 보는 순간, 임어당의 '늙은이의 희열'을 마음껏 만끽하면서 나 역시 늙은이가 되었구나, 한숨도 지은 것이 사실이다. 그러나 한숨은 순간, 임어당의 '늙은이의 희열'을 근 한 달 동안 지속할 수 있었음은 여간 다행한 일이 아니었다. 이런 임어당의 희열은 내가 30대에 이해할 수 없었던 것같이, 청년들에게 그것을 아무리 설명해도 역시 소 경 읽기가 될 것으로 안다.

임어당의 희열을 실감하고 나서는 아무리 큰 소리를 치더라도 나는 확실히 초로의 경지에 이른 것이고, 또 정신적으로도 한때 늙음의 경지에 이르렀다는 서글픔이 감돈 것도 사실이지만, 늙은이의 서글픔도 실은 당사자보다는 젊은이들이 그네들의 씩씩한 정력을 중심으로 지나치게 보는 편견이지, 나의 경우는 그런대로 즐거움이 있고, 슬픔 속에서도 우중유락憂中有樂을 경험하여 말하자면, 늙은이들을 비관적 몰희망적 대상물로만 보는 것은 정말로 젊은이들의 편견이요 단견이라는 것이다.

나는 한창 젊은 30대 적에 생에 지나친 애착으로 한동안 노이로제를 앓은 경험이 있다. 그것은 단명으로 죽으면 어떻게 하느냐, 라는 노심초사와 불안이었다. 지금 생각하면 바람의 고통이었지만, 그러나 나의 조부가 넘지 못한 40고개를 쉽게 넘겼고, 이어 나의 기호연구인 《구운몽》의 작자 김만중의 56수를 훨씬 넘어섰고, 나의 최대의 동경시인인 도연명의 63수에서 5수나 넘어 이제 고희를 내일 모레에 앞둔 68수의 나이에 이르렀으니, 이만하면 장수라고는 할 수 없어도 가히 수壽를 누렸다고 자부하지 않을 수가 없다.

이제 고희 언저리에 이른 마당에 수에 대하여 더 바랄 것이 무엇이 있겠느냐고 스스로 자부해 본다. 나의 선배나 주변의 친구들이 거의가 60대 초기, 또는 중기에 사라졌지만 더러는 아직도 건강하게 활동하는 선배도 있다. 은사 중에는 90수에 이르러도 집필하는 경우가 있다. 근자에 듣기도 하고 직접 목격한 바에 의하면, 일본의 비교문학자 시마다 긴지島田謹二 교수는 97의 백수白壽에 가까운 고령임에도 비교문학의 저서를 능히 엮어 냈다고 하며, 한국의 법철학자 최 모崔某 옹은 95세의 고령인데도 아직도 강의를 수행하고 있다고 들었다. 그만큼 옛날의 70세의 고래희古來稀가 근자에는 근래다近來多로 뒤바뀐 것같이 요새의 늙은이들이 의학의 혜택으로 적어도 20수가 더 증수增壽된 것만은 사실이다.

앞으로 나의 수와 건강이 어떻게 이루어질지 몰라도 운명을 하늘에 맡기고 과욕은 삼가면서 20여 년간 지속해 온 조기등산을 지속시킬 것이며, 아직도 즐기고 있다. 한편, 다행스런 일은 정년이 되자 지방 S대학에서 강의의 요청이 와 강의를 계속하고 있고, 원고 요청도 간헐적으로 이루어지고 있는 것으로 보면, 학계와 사회에서 이름을 떨치고 있지는 않더라도 내가 아직은 망각의 존재는 아닌 것 같다. 게다가 금년에 모 학회에서 나를 학술원상에 추천한 것이 의외로 대상을 받게 되니 참으로 꿈인 것만 같다. 그 상의 대상저서도 내가 거의 반평생을 들여 이루어놓은 ≪구운몽≫으로 여겨졌으니 나로서는 노경의 축복이 아닐 수가 없다.

더구나 이 해 가을은 유난히 맑은 가을이다. 문자 그대로 천고마비의 계절이다. 조물주가 지난여름 기나긴 찜더위 후에 주는 가절인 것 같다. 나는 9월의 가을이 되면 해마다 찾아드는 알레르기 비염으로 10여 년간 천고마비의 맛을 잊어버렸는데, 금년 가을은 재채기 · 두통 등 비염의 증세가 가볍게 스쳐 천고마비를 만끽할 수 있었다.

높푸른 하늘, 푸른 수풀을 끼고 새로 장식된 안산鞍山의 봉수대烽燧臺 꼭대기를 이따금 올라가 맑은 가을의 하늘과 원근의 산을 시야에 두면서 하산할 때, 자연 도연명의 시

> 吾駕不可回 나의 가는 길은 바꾸지 않고
> 終當歸空無 마침내는 공허한 무로 돌아가리

를 읊으면서 '청춘은 아름다워라.'가 아니라 '초로初老도 아름다워라.' 하며 역설적으로 읊는다.

— ≪현대수필(12)≫, 1994. 겨울호.

4부

朴希聖 교수와 존재철학

생활신앙과 신앙생활

근본주의와 문명출동

종교인들의 대화

全泰鎭 전도사의 신앙

이데올로기스트 鄭大哲의 죽음

落葉의 시발

朴希聖 교수와 존재철학

박희성朴希聖 박사는 1901년 함남咸南 홍원洪原에서 태어나 서당에서 한학을 익히다가 영생고등보통학교를 거쳐 이어 연희전문학교 문과를 마친 후, 미국으로 건너가 1937년 미시건 대학에서 철학박사를 획득하였다. 이후 귀국하여 거의 줄곧 고려대학교에서 특히 과학철학과 논리학을 강의하다가 정년퇴임 후엔 대학원 강의를 하는 한편, 건강한 몸으로 여가가 있을 때마다 학교 내부의 처진 구석구석을 돌보며 지내다가 지난 1989년 90세를 일기로 타계하셨다는 것이 그에 대한 간략한 이력이다.

내가 박희성 선생을 처음으로 뵈온 것은 1957년 봄, 대학원에서 영어를 배우면서부터이다. 당시 영어의 텍스트는 영국의 과학철학자 화이트헤드Whirehead의 ≪교육의 목적(The Aims of Education)≫으로 강의가 이루어졌는데, 그 분의 정확한 영어 발음을 통하여 당시 수강생들은 영어의 정확한 발음을 많이 익혔고, 때로는 영국의 시인 키츠Keats의 〈바다를 건너며(Crossing the bar)〉를 읽으며 생生의 이모저모의 문제가 종종 여가로 이루어졌다.

그런데 내가 박 교수의 강의를 들으면서 더욱 그분과 익숙해질 수 있었던 것은 나의 생애와 학문에 막대한 영향을 준 김창제(金昶濟, 1880~1957) 옹이 바로 박 선생의 존경하는 은사에 해당되기도 하였기 때문이다. 이따금 강의가 끝나면 사석에서 박 선생과 함께 김창제 옹에 대하여 말씀을 나누었던 것이다. 그러는 사이에 박 선생과 나와는 친숙한 사이가 이루어질 수 있었고, 나는 그분에게서 이따금 부정父情을 느끼곤 하였다.

한번은 1975년 여름 부산 통도사에서 한국철학회의 모임을 갖게 되었다. 그때 내가 서울역에서부터 부산까지 기차로 박 선생을 모시기로 배당되어 근 여섯 시간을 모시고 가게 되니 나는 그분과의 대화를 독차지하게 된 셈이다. 서울역에서 조반을 함께 들고 차에 오르자 이야기는 인생 · 철학 · 과학 · 교육 · 사회 등 두서없이 전개되었다. 그러나 나와 그분과의 관심사인 김창제 옹에 대하여 내가 먼저 이야기의 실마리를 꺼냈다. 내가 말씀드리기를

"김창제 옹 같은 분은 평생을 교육계에서 그렇게도 제자를

키우고, 그 뿐만 아니라, 한국에 무교회주의를 처음으로 도입했을 뿐더러, 일찍이 YMCA 회장까지도 역임한, 말하자면 교육계와 기독교계에 큰 공을 세웠고, 일제말기에는 창씨創氏를 거절하고 배급쌀로 일일 일식으로 지낸 문자 그대로 불의에 한치도 움직이지 아니한 분이지만, 안타까운 것은 남은 저서가 없어 김 옹이 돌아가실 때에는 장안 신문에 전연 보도가 이루어지지 않았으니, 어떻게 보면 너무나 허무한 인생인 것 같습니다. 그뿐입니까? 김 옹의 부인 전태진全泰鎭 여사만 하더라도 내가 만난 여성 중에는 여성의 정덕貞德으로 전 여사만큼 뛰어난 여성을 본 적이 없습니다. 김 옹이 두문불출하여 독서 삼매경에 빠질 뿐, 끼니를 굶을 지경에 이르렀을 때, 전 여사는 고등교육을 받은 분으로서 걸맞지 않게 밖에서 신문팔이와 빈대떡을 만들어 팔면서 간단한 살림을 이어간 분입니다. 말하자면, 나는 김 옹과 전 여사 내외분보다 이 지상에서 더 존경할 분이 없다고 생각합니다. 그렇지만 그 분의 생애는 이루어 놓은 행적에 비해 너무나 허무한 것 같습니다."

나의 위의 말을 들은 박 선생은 얼마간의 침묵을 유지하다가 당신은 허무하다고 생각하지 않는다고 대답하시고 말씀을 다음과 같이 이었다.

"김창제 선생 부부가 비록 문자로, 또는 기타 어느 유형물의 실물로 남겨놓은 것은 없다지만 바로 정 교수가 그들에 대한 존경하는 그 마음을 통하여 그대로 정 교수에게 영향이 이루어졌고, 그 영향을 받은 정 교수의 실제는 또 계속 누구에게 영향이 갈 것이고, 이는 계속 영원히 지속되면서 좋은 방향으로 변개되고 다양화되면서 이어져 나갈 것이라는 것일세, 따라서 존재는 영구불멸이라는 것을 알아야 하네."

위의 말씀을 마치고 나서 미국의 시인 롱펠로우Longfellow의 시, 〈화살과 노래Arrow and Song〉의 일절을 외우셨다.

> 나는 화살을 쏘았더니,
> 땅에 떨어졌으나 그 지점을 알 수가 없었네.
> 나는 노래 한 곡조를 불렀더니,
> 노래의 날음이 너무 빨라 좇아갈 수가 없었네.
> 먼 훗날의 어느 날 그 화살은 어느 참나무에 박혔고,
> 그 노래 역시 어느 친구가 부르고 있었네.

나는 박 선생의 말씀을 듣고 그 존재의 불멸성을 새롭게 인지하면서 한편 박 선생이 해박한 지식의 소유자임을 감안. 너무나 남겨놓으신 글이 별로 없음은 확실히는 모르지만, 그분의 존재의 불멸성의 확신에서 영유된 것이 아닌가 짐작되었다.

나도 이제 늙어가면서 글을 쓰는 것에 대하여 종종 생각을

해볼 때가 있다. 박 선생은 전공이 철학이라 그분이 아는 것을 선불리 쓰기가 어려웠을 것이라 생각된다. 한편, 박 선생이 글을 쓰기를 삼간 것은 그분이 연구와 강의 시간 외엔 등산을 주기적으로 즐기면서 여력이 허락하는 한도 내에서 학교 내의 처진 구석구석을 심려있게 살펴나가는 도덕적 행위에 더욱 역점을 둔 것에 그 중요한 이유가 있지 않았나 생각된다. 그것의 중요한 이유가 이미 언급된 존재의 불멸성에 있지 않았는가 조심스럽게 마무리지어 본다.

박 선생의 존재철학의 일생은 정말로 고귀하였다. 박 선생이 영생고등보통학교 학창시절에 3 · 1운동에 참가하여 이로 출학을 당한 후 8개월의 곤욕을 겪은 일이 있다. 하지만 우리 제자들에게 자랑삼아 이야기한 적이 없지만 당시 함께 고생한 그분의 동급생들의 입을 통하여 전승되고 계속되는 가운데 우리 제자들에게까지 롱펠로우의 어느 참나무에 박힌 화살처럼 전해졌으니 결국은 존재의 불멸을 확신할 수밖에 없지 않은가.

해방 후 감방에서 며칠을 지내고 이를 곧바로 민족 · 애국자의 등장인 양 발판으로 삼아 정계에 등장한 사이비 정치인에게 비해보라. 박 선생의 존재 불멸의 철학적 신념이 얼마나 거룩한 것이었는가를 새삼 느끼게 된다.

그러나 아쉬운 것은 내가 가장 존경하는 큰 인물인 김창제 옹이 이 세상을 떠날 때, 장안 신문엔 일언반구의 보도가 없었다는 사실이다. 그렇지만 김창제 옹이나 박희성 선생도 존재가 영원불멸인 한, 두 분의 죽음에 대해 언론의 일언반구가 없었던 것과는 달리, 길이길이 유형으로든 무형으로든 우주의 존재와 역사에 내재할 것을 확신한다.

마지막으로 김창제 옹과 박희성 교수 두 분의 언행에 대하여 퇴계退溪의 시의 일절,

古人不在茲 고인들은 이 세상을 떠나셨지만
其言有餘馥 그 말씀은 길이 향기롭게 풍기네

를 두 분의 추모전에 올리는 바이다.

— ≪수필공원≫, 1995. 여름호.

생활신앙과 신앙생활

'생활신앙'이란 말은 일찍이 장공 김재준 목사가 쓰신 말씀이다. 그 말의 뜻은 기독교 신앙이 실제생활과는 너무나 동떨어져 사회생활과 유리된 것을 감안한 나머지, 진정한 신앙은 실제생활과 부합되어야 한다는 것이다.

신앙과 생활의 관계에서 신앙이 먼저냐, 생활이 앞서냐 하느냐는 따질 것도 없이 생활이 있음으로써 신앙도 존재한다는 것은 인생이 있음으로써 종교가 있게 된 것과 다를 것이 없다. 그러나 맹목적 근본주의자들은 신앙과 종교가 있는 연후에 생활과 인간이 있게 되었다는 뒤틀린 중세기적 관행을 고수하고 있다.

오늘날 기독교의 절대불변의 계율로 여기는 모세의 십계명도 중동지방의 당시 갖가지 생활의 환경과 문화적 상황을 통해 이루어진 계율이지, 이것이 당시의 생활과 전연 무관하게 이루어진 신의 음성은 결코 아니라는 것이다. 더 확대하면, 신구약성서 66권의 일자일획도 바꾸어질 수 없다는 문자주의자들의 주장과는 달리, 예수의 말씀은 4복음서와 신약 가운데 적지 않은 분량으로 이루어진 바울서신도 예수나 사도 바울의 갖가지 인간적 생활과 사고의 동태에서 파악된 말씀에다가 같은 말씀도 기록자에 의해 앞뒤 장소와 시간적 분위기에 따라서 달리 표현된 것을 감안한다면, 근본주의자들의 소위 축자영감설이 얼마나 그릇된 것인가를 여실하게 알 수가 있다. 즉, 하나님의 말씀이나 선지자의 말씀이나 사도의 말씀이건 간에 모두가 그 당시 처한 생활의 상황과 문화적 분위기에서 이루어졌다는 것이다.

생활이 없으면 신앙도 있을 수가 없고, 올바른 신앙은 결국 현실생활을 충실하게 수행하기 위하여 존재하는 것이지, 옛날 비문명시대에 반사회적 이기심을 조성하기 위한 원시시대의 무속종교는 아니라는 것이다. 더구나 근 2천년 전에 기록된 성경의 어느 한 구절을 현재의 엄청나게 변화된 문화와 생활에 문자 그대로 적용하여 이단시하는 교리주의적 신앙이 얼마나 맹목적이었나 하는 것이 오늘날까지 역사적, 문화사적 관점에서 연속 드러나는 것을 생각할 때, 갖은 구박을 받아가면서도 '생활신앙'을 제창한 김재준 목사의 선각자적 신앙에 대하여 뒤늦게나마 더욱 존경케 되지 않을 수가 없게 된다.

오늘날 한국교회가 신도수로 세계적으로 기적을 이루리만큼 다량화되고 대형화되었다지만, 이와 걸맞게 사회의 윤리화에는 무관심하리만큼 연관되지 않는 것은 역시 생활신앙을 앞세우지 않고 개인의 기복적인 신앙생활을 앞세운 것에 있다는 것은 관심자들의 이구동성으로 울려오는 말이다.

문민정부가 들어선 후, 교회의 개혁의 조짐이 다행히 보이기 시작한 것 같다. 타종교인 불교도 예외가 아닌 것 같다. 내가 자주 지나가는 사찰의 입구에도 '대승불교 정신 이어 생활불교 실현하자'가 현수막으로 쓰여 있음을 볼 수가 있다.

불교의 신앙적 경향의 구체적 사항은 어둡지만, 역시 자아구원을 우선하는 소승적 신앙으로부터 사회 구원을 우선하는 대승적 신앙으로 뒤바뀌는 의식의 변호의 일단을 엿보게 하는 것 같다.

인간생활은 다양하다. 취미, 풍속에 따라 다르고 또한 지역에 따라 다르고 시간에 따라 다르게 마련이다. 이것은 관념적 원론으로서보다도 아득한 원시시대로부터 동서지역에 따라 다양한 생활과 문화로 끊임없이 변질되고 발전되어온 것을 역사를 통해 확인할 수 있기 때문이다. 이제 21세기를 눈앞에 둔 마당에, 지구촌을 형성하리만큼 지역간의 간격은 급속도로 좁아지고 있다. 지구촌의 모든 곳곳의 중요 뉴스를 즉시 들을 수가 있고 볼 수도 있다. 즉 다양한 문화와 다량의 풍습이 뒤섞이는 가운데 개개인의 취미가 다르고 국가와 민족의 기호가

다른 가운데도 충돌보다는 조화를 이루는 다원주의의 시대와 사회에 살고 있다는 것이다. 자기가 살아가기 위해서도 남을 이해하고 조화를 이루지 않고는 잠시 살수가 없다.

이제는 문화의 생활이 신과 인간과의 수직의 관계보다도 너와 남의 공동을 이루어야 하는 수평의 시대이다.

가령 생활신앙을 이단시하고 신앙생활만을 고수하는 근본주의자들의 이상적 생활을 들어보기로 하자. 새벽에 교회에 나가 새벽기도 및 성경과 찬송으로 예배를 드리고 집으로 돌아와 조반을 먹고, 직장이 없는 경우엔 가두에 나가 남의 반응이 어떻든 '예수 천당, 불신 지옥'의 표어를 몸에 걸고 전도를 한다. 그리고 귀로엔 다시 저녁 예배를 드리고 집으로 돌아와 그 다음날 새벽기도로부터 매일 일과는 되풀이된다. 이런 생활의 되풀이가 말하자면 근본주의자들의 이상적 신앙생활일 것이다.

그럴 경우 농사는 누가 지으며 교육은 누가 담당하며 공장, 교통, 상업, 행정, 치안은 누가 담당할 것인가. 이런 갖가지 사회생활을 인본주의로 중요히 생각지 않고 심지어는 죄악시하고 오로지 교회, 성경, 기도, 전도만으로 신본주의로 여겨 신앙생활의 금과옥조로 삼는다는 것은 오히려 예수의 '인자를 위한 안식일'의 생활신앙을 다시 바리새교인들의 '안식일을 위한 인자'의 허식화된 신앙생활로 되돌려 놓자는 우愚나 다름이 없는 것이다.

신앙의 참뜻은 정치, 경제, 문화, 종교, 예술, 학문 등 각종의 필요불가결한 실생활을 그리스도의 정신인 빛과 소금 및 밀알의 역할에 의하여 영위되도록 하는 것에 있다. 즉 하나님의 뜻이 하늘에서 이루어진 것같이, 땅을 도외시하는 것이 아니라 궁극적으로는 땅에서도 이루어지게 한다는 것이다.

다원주의 문화시대에 자기만이 옳고 남은 그르다는 독선적 고립은 문자 그대로 좌우가 없는 독불장군이다. 남이 있음으로써 자기가 있고 자기가 존재하는 것은 결국 남에 의해 떠받치고 있다는 것을 알아야 한다. 나의 정체를 알기 위하여는 남을 알아야 한다. 기독교의 정체를 알려면 타종교인 유교, 불교, 이슬람교도 알아야 한다. 그런 뜻에서 우리는 막스 뮬러의 '오직 하나의 종교밖에 모르는 이는 어느 종교도 모른다.'는 것이나 월터 호으톤의 '그리스도밖에 모르는 이는 사실 그리스도도 모르는 이다.'의 명제에 깊이 귀를 기울여야 할 것이다.

머지않아 21세기가 눈앞에 바싹 다가오고 있다. 개신교의 세계적 지성인인 아놀드 토인비나 칼 야스퍼는 21세기에 기독교와 불교의 조화시대의 도래를 예언하면서 종교의 다원화와 동양의 중요성 내지는 기독교와 불교의 대화와 조화를 강조하였다.

결국 앞으로 21세기에는 종교는 기독교든 불교든 힌두교든 유대교든 유교와 도교든 또는 이슬람교든 원불교든 그리고 천도교든 이들이 문화종교로 확인된 마당에 종교의 핵심인 반성과 참회, 화해와 용서, 봉사와 희생 등이 밑받침된 '사랑과 자비'의 합주곡으로서 이 지구촌의 모든 인간들뿐만 아니라 이와 대응을 이루고 있는 자연과도 조화롭게 이루어지기를 기대할 뿐이다.

끝으로 사도 요한이 하나님을 섬긴다고 하면서 형제를 미워하는 자들에게 준 '누구든지 하나님을 사랑하노라 하고 그 형제를 미워하면 이는 거짓말하는 자니 보는 바 그 형제를 사랑치 아니하는 자가 보지 못하는 바 하나님을 사랑할 수가 없느니라.'(요일 4:20)와 ≪서유기≫의 현장이 손오공, 사화상, 저팔계 등을 대동하고 갖은 역경을 헤쳐가면서 인도로 ≪대장경≫을 가지러 가다가 어느 거리의 실신한 부상자를 만나자 손오공에게 '너희들이 인도로 가서 구층탑을 쌓고 ≪대장경≫을 가져오기보다는 이 부상자를 고쳐놓는 것이 더욱 바람직하다.' 고 한 구절을 인용하면서 생활신앙의 대미를 맺는다.

— ≪기독교 수필(7)≫, 1997. 12. 10.

근본주의와 문명충돌

프랑스의 실증주의 철학자 오귀스뜨 콩뜨(1789~1857)는 문화의 진행을 세 단계로 나눈 바 있다. 즉 옛날의 종교시대와 그가 살 때 이어진 철학시대와 이를 거쳐 과학시대가 도래할 것이라는 것이다. 콩뜨가 살던 시대는 19세기 중엽까지이니 그로부터 150년이 지난 현재의 눈부신 컴퓨터 · 인터넷 시대를 보면 그는 과연 어떻게 생각할까.

지금 시간을 다투어 변해가는 현대는 종교와 철학 또는 과학만의 단독시대가 아니라 이들이 모두 다양하게 휘감고 다원화로 지양하는 정보시대로서 한 말로 줄인다면 콩뜨의 이른바 '과학의 시대'임은 분명하다.

현재의 컴퓨터 · 인터넷의 시대는 옛날 종교가 주름을 잡던 시대엔 공상의 대상도 되지 않았으려니와, 현대인은 귀천을 가릴 것 없이 옛날 무소불위의 제왕도 누려보지 못한 과학문명의 혜택을 향유하고 있다. 이런 초극의 문명을 획득하게 된 것은 하나에서 둘을 보태면 셋이 된다는 그 합리성이 기둥이 되었음은 물론이다.

'근본주의'는 애초 20세기 전후에 미국 개신교 수구파의 운동이지만, 오늘날 문화가 지속적으로 발전하는 것과는 달리, 유독 쓰여진 당시의 말과 그 뜻의 일작 일획을 고집하는 소위 '축자 영감설'을 비판적으로 쓰는 말인 것 같다. 가령, 〈구약〉의 "나 외에 다른 신은 없다."는 것으로 현대의 다른 문화 종교를 인정치 않음은 고사하고 심한 경우 요새 우리나라에서 국민교육의 효과로 세워 놓은 단군상 · 세종대왕상 등을 우상으로 보고 마구 훼손하는 것을 간간이 볼 수가 있다.

수천 년 전에 쓰여진 경전의, 문맥이 통치 않는 신화적 구절을 앞뒤 사항의 배려도 없이 이 우주시대에 문자 그대로 적용하려는 것은 일식 · 낙뢰의 현상을 '신의 노여움'으로 보는 것과 무엇이 다르랴. 요는 경전의 현대적 풀이는 당시의 시대적 상황과 공간적 배경 및 문화적 수준과 면밀히 대조하는 양식사적 내지는 해석학적 적용이 오늘날 과학시대에 필수조건이라는 것이다.

근본주의는 문화의 앞길을 저해해 왔을 뿐 아니라 많은 인명을 앗아갔다. 2백 년 동안 수천 명을 피로 물들게 하였고 이후 계속 선각자들을 처형하여 문화의 발전을 가로막았다.

이런 중세적 근본주의의 관행이 현재 우리 사회에도 이따금 나타나 사회질서를 어지럽히고 있다. 주변을 돌보지 않고 '예수 천당 불신 지옥'이라 외치는가 하면, 유림계의 '동성동본결혼 결사반대' 또는 '호주제 절대고수' 그리고 개신교계의 건전한 제사문화의 우상시 등이 그것들이다. 이런 중세적 관행이 난무하는 한, 헌팅턴의 '문명의 충돌'은 머지않아 적중될 것이다.

과학이 만사를 해결해 주는 것은 아니지만 인식상 과학보다 더 확실한 것은 없다. 과학정신은 합리주의 정신이다. 합리주의란 흰 것은 희고 검은 것은 검다고 하는 그 인식 자체이다. 종교적 명상가 빠스칼도 심령의 세계에 심취하면서도 인식에 연계되는 한, "자연은 수학적 언어로 쓰인다."라는 담론을 남겼고, 세기적 종교 · 정치 지도자인 간디의, 진리는 신에 선행된다는 그 명제는 종교지도자들이 두고두고 되씹어야 할 것이다.

헤라클레이토스의 말과 같이, 만물은 끊임없이 유전되고 있다. 생물이건 무생물이건 정지된 것은 하나도 없다. 영원히 변화되고 발전해간다는 것이다.

종교도 예외가 아니다. 창조주는 주무시지도 않고 만물을 움직여 우리 인간의 삶을 더욱 풍부하고 올바르게 하신다는 것이다.

— ≪부싯돌≫, 2001. 9. 1.

종교인들의 대화

최근 세계적인 유학자 두유명杜維明 교수는 ≪문명들의 대화(김태성 역)≫를 출간·제시하여 국제적으로 화제를 일으키고 있다. 그 요지는 서양의 기독교 문명과 중동의 이슬람교 문명, 그리고 동양의 유교·불교·도교 등의 문명이 서로 대화를 나누어 공통점을 찾아, 대립된 종교문화를 배경으로 하여 일어나는 미국과 중동의 정치적 갈등은 물론 과학의 지나친 남용으로 생태계가 앓고 있는 몸살을 극복해 인류와 자연이 공존공생하자는 데 있다.

한국은 보·혁의 정치적 갈등이 심한 나라인데다가 특히 종교간의 갈등은 오늘날도 예외가 아니다. 한국의 기독교 중 개신교는 이 땅에 정착된 지 1세기가 지났지만 그리스도의 '네 이웃을 네 몸과 같이 사랑하라.'는 계명과는 달리, 교리와 교권의 문제로 계속 분파에 분파가 거듭되어 심한 경우 '이단'시로 갈등을 일으키고 있다. 이것이 오늘날 한국 개신교의 현실이다. 이들의 분파에서 오는 부작용을 불식시키려는 에큐메니칼 운동은 구석으로 몰려 날이 갈수록 분파는 계속 진행되고 있다. 이와 같은 분파의 문제를 지니면서도 좁게는 천주교가 성모 마리아를 신봉하는 관습을 우상으로 곡해하여 같은 기독교인이면서 이단시하는 경우가 있는가 하면, 넓게는 서양이 기독교와 동양의 불교를 상극의 종교문명으로 보고 불교를 우상시하여 이 우주 과학 시대에 감정적으로 기피하고 있음을 본다.

그러나 개신교가 이 땅에 들어올 당시, 정동교회 초창기의 목회를 담당한 최명헌(1858~1927) 목사는 유교와 불교 문명으로 관습화된 지식의 소유자로서, 동양의 유 · 불 · 도를 우상으로 적대시하는 것이 아니라 다분히 이들을 원용하여 그의 기독교관을 확립하고 〈만종일련萬宗一臠〉과 〈천도소원天道遡源〉을 저술하여 다원주의를 간접적으로 피력하였다. 이어 현 한신대학교의 첫 장을 장식한 김재준(1901~1987) 목사는 어릴 적부터 유 · 불 · 도 교육에 관습화되어 목회활동에서도 불교문화를 수용하여 그와의 대화를 누누이 강조하였고, 함석헌 선생도 예외가 아니다.

오늘날 세계가 지구촌을 이루어 서로의 문명이 일일권에 흡수되고 있는 이 시대에도 한국의 개신교는 2천여 년 동안 세계적 문화종교의 역할을 담당한 불교를 아직도 '우상시'하고 있으니, 참으로 어안이벙벙하리만큼 답답하고 안타까운 일이다. 이런 잘못된 개신교의 관행과는 달리, 지난날 개혁되어야 했던 천주교의 교황 요한 바오로 2세는 오히려 개혁에 앞장서서 이슬람교와 희랍정교회의 수장과 만나 화해를 구하였다. 그뿐만 아니라 특히 한국 천주교는 이단시된 불교와도 서로 내왕하며 교린을 나누고 있음을 볼 때, 과연 '개혁'을 모토로 하여 탄생된 개신교의 '프로테스탄트' 정신은 앞으로의 진행이 심히 어둡고 우려될 뿐이다. 지금 대형교회의 일우에서는 목회직의 세습이 공공연히 이루어지고 있고, 이 밖의 재정적 비리 내지는 기타 추문으로 유죄가 판결된 마당에도 목회를 수행하고 있는 등, 지상의 윤리가 파괴된 마당에 어떻게 하느님과의 윤리가 설 수 있겠느냐는 것이다.

근자에 안타까웠던 것은 우리나라의 고등교육을 담당하고 있는 K대학에서 '예불禮佛'한 것을 이유로 L교수가 교직에서 쫓겨났다고 한다. K대학은 애초에 신학교에서 출발했지만, 현재는 인문 · 사회 · 자연과학을 모두 담당하는 종합대학으로서 한국의 학문과 교육을 담당하고 있다.

대학의 기본적 사명은 그것이 속한 종교나 기업의 배경이 어떻든, 인문 · 사회 · 자연과학에 대한 각종 비판의 담론이 모아지는 가운데 보다 진실한 담론으로 승화되게 하는 아카데미즘의 기능에 있다. 기성 이데올로기에 매어있기보다는 이를 극복함으로써 보다 굳건한 담론으로 정립된다는 것이다. 이는 대학이 발생될 당시, 교권이 지배했던 중세시대로부터 갖은 우여곡절을 겪으면서 근대의 아카데미즘으로 확립된 것이다. 대학의 아카데미즘은 비판정신이다. 기성질서는 시대가 지나면 더 앞서는 담론이 생산되면서 문화와 역사는 앞으로 발전된다. 이것이 대학이 지닌 학문의 권위요, 교수의 사명이다.

서양 중세 교권시대에 갈릴레오의 '지동설'류로 생긴 종교재판과 같은 그릇된 관행이 우리 지성사에도 예외가 아니었다. 조선시대에 성리학이 이데올로기화되어 많은 선비가 구박을 받았고, 성리학과 쌍벽을 이룬 양명학도 시대정신을 타고 일어났지만 이단으로 몰렸을 뿐 아니라, 조선 후기에 이르러 관념화된 성리학의 반동으로 일어난 실학 중 개중엔 사문난적斯文亂賊으로 몰려 처형을 당한 것은 고사하고 근대정신으로 한국 지성사에 우뚝 솟은 별, 다산 정약용도 18년이란 기나긴 유배생활을 겪어야만 했다. 그러나 오늘날 다산학茶山學이 세계적 각광을 받고 있음을 생각할 때, 수구세력이 얼마나 '우물 안의 개구리' 역할을 하였는가를 역사는 여실하게 알려주고 있다.

기독교와 불교의 갈등으로 수난을 당한 것은 K대학의 L교수가 처음의 일은 아니다. 필자가 아는 바로는 근 30년 전에 전주 모 미션고등학교에서 교사가 학생들을 인솔하고 사찰로 소풍을 다녀온 것이 문제가 되어 담임교사와 교장이 함께 재발하지 않겠다는 서약서를 쓴 일이 있고, 10여년 전엔 역시 모 신학대학의 저명한 교수가 불교를 인정하는 다원주의를 주창했다고 하여 파직된 적도 있다.

그러나 예수회 계통에서 세운 일본의 상지대학上智大學에서는 독일에서 파견된 신부가 강의를 담당하면서 방학이 되거나 휴일이 주어지면 이따금 사찰에 들어가 참선을 수행한다는 것을 전문한 바 있다. 필자도 개신교인으로서 이를 찬성하는 것은 아니다. 그렇다고 반대하는 것도 아니다. 다만 종교는 고향과 같이 주관적인 것으로서 인생관과 세계관이 다양하듯 같은 기독교도 기호에 따라 다양하므로 이를 수용하자는 것뿐이다.

> "각기의 종교는 나무의 수많은 잎과 같다. 그들은 서로 다르게 보이지만 하나의 줄기에 매달려 있다. 하느님 · 알라 · 라마 · 나타얀 · 미쉬왈 · 쿠다는 모두 같은 존재의 각기 다른 표현일 뿐이다."

라는 담론은 모든 종교인들이 받아들여야 할 금언金言이라고 생각된다.

杜維明 교수는 오늘날 기독교와 이슬람교 문명이 지닌 종교문화의 대립으로 문명의 충돌이냐 세계가 뒤숭숭한 이때, 문명들의 대화를 제기하였다. 제기의 전제는 문명들끼리 자기절대화의 '아집'을 버리고 대화를 나누며 공통점을 찾아 공존하며 함께 도움을 주자는 것이다.

작금 문명과의 갈등은 고사하고 자연의 생태계까지 파괴되어 인간과 자연이 죽느냐, 조화롭게 살 수 있느냐의 기로에서 동양문명이 유·불·도든 공통적으로 지닌 '천인합일天人合一'까지 제시해 놓았다.

나는 현재 개신교가 대립의 대상으로 보고 있는 불교뿐만 아니라, 개신교끼리도 이단시되어 가는 이때, 두유명杜維明 교수의 '천인합일'의 정신은 그 분파의 부작용을 극복하는 데 좋은 본보기가 되리라고 기대한다. 20세기의 대표적 개신교의 지성인 토인비와 야스퍼스는 일찍이 21세기의 기독교와 불교의 대화를 요청하고 예언한 바 있다.

최근 20세기 뛰어난 신학자인 한 사람이며, 세계종교인 평화회의 의장인 한스 큉 박사가 양산 통도사의 대선승 경봉鏡峰스님(1892~1982)을 찾아 기독교와 불교에 대해 대화를 나누는 가운데 드디어 그의 설교에 감복되어 나름의 식견으로 "하느님은 내 안에 계십니다."라고 말하자, 경봉스님은 이에 대해 "안 뿐만 아니라 밖에도 계십니다."라고 하여 하느님의 '무소부재'로 대응하였다는 것을 상기시키고 싶다.

끝으로 지난 2001년 5월 시리아의 다마스쿠스 사원을 찾아 로마 교황 요한 바오로 2세가 무슬림 교도들 앞에서 '위대한 종교공동체인 이슬람과 기독교를 존경할 만한 대화의 집단으로 만드는 것이 열렬한 소망'이라고 연설하여 박수갈채를 받은 바 있음을 근본주의자들에게 알리면서 대미를 맺는다.

全泰鎭 전도사의 신앙

전태진 전도사가 누구인지 아는 분은 별로 없을 것이다. 대현교회에서조차 전 전도사가 누구인지 아는 분이 그리 많지 않을 것이다. 더욱이 전 전도사의 신앙을 아는 분은 더욱 없을 것으로 안다. 그렇지만 전 전도사는 우리 대현교회에서 약 20여 년간 여전도사로 시무하다가 근 10여 년전에 세상을 떠난 분으로, 한국여성의 미덕과 아울러 독실한 신앙을 가진 전도사였다는 것이다. 나는 이번 '진리와 자유'의 지면을 빌려 전태진 전도사의 약력과 신앙을 우리 대현교회, 특히 청년들에게 소개하여 우리 대현교회가 그와 같이 훌륭한 여전도사를 가졌었다는 것을 자랑스럽게 여김과 동시에 우리 대현교인들의 신앙생활에 은혜가 되었으면 한다.

전태진 전도사는 1895년 경기도 개성의 기독교 가정에서 1

남 4녀 가운데 장녀로 출생, 당시 개성의 명문여학교 호스톤고등여학교(현 여자고등학교)를 졸업, 그후 일본으로 건너가 신학교를 졸업, 귀국하여 감리교회에서 오랫동안 여전도사로 시무, 40여 세 되던 해 당시 우리나라의 저명한 우국지사이며 종교가·교육자인 김창제 옹과 결혼, 전 전도사는 김창제 옹이 장로교인이므로 교적을 대현 장로교회로 이적, 1940년대부터 1960년대까지 대현교회에서 여전도사로 시무하다가 정년으로 퇴임, 그후 그녀의 아우 전수진 교장(당시 배화여자고등학교 교장) 댁에 우거하다가 10여 년간 중풍으로 누워 마침내 1975년 세상을 떠났다. 이것이 전태진 전도사의 간략한 약력이다.

그러나 전태진 전도사로 하여금 돋보이게 하는 것은 위와 같은 약력이 아니라, 앞에서 언급한 바 있는 한국여성의 미덕과 거의 평생을 곤경 중에 살면서도 독실한 신앙을 지켰다는 그 사실이다.

우선 내가 여기에 전 전도사의 곤경 중에 지닌 독실한 신앙을 소개하기 전에 솔직한 나의 심정을 고백하면, 내가 만난 여성 가운데 가장 존경심이 가는 분이라는 것을 전제해 둔다.

내가 전태진 전도사를 알게 된 것은 1943년 중학교 상급반의 일로 기억된다. 당시 전 전도사 댁에 하숙을 하고 있는 동창생을 통해 김창제 옹과 전 전도사는 구김이 하나도 없고 미소, 겸손, 친절, 유순 등 한국적 여성의 미덕을 첫인상으로 느꼈다. 나는 그후부터 대현교회에 나아가기 시작하였고, 때때로 전 전도사 댁에 들러 김창제 옹과 전 전도사를 뵙게 되면서 그 분들의 생활 모습을 점차 알게 되었다.

김창제 옹은 일제말기 때, 적은 배급쌀로 하루 한 끼로 끼니를 이어가면서, 대신 두문불출 독서삼매경에 잠겼고, 전 전도사는 전도사로 시무하며 한편 길가에서 빈대떡장수로 생활을 이어갔지만, 가난이나 불평의 모습이 전연 없고 한결같이 미소 · 친절 · 유순 · 겸손 등을 지녔다.

독서삼매경에 잠김에 따라 전 전도사는 일제말기와 마찬가지로 교회에서 드리는 박봉과 신문팔이로 끼니를 이어나갔다. 그래도 전 전도사는 무능한 김 옹을 원망은커녕, 한결같이 미소 · 친절 · 유순 · 겸손 등 여성의 미덕을 지녔다. 나는 8 · 15 해방후 3년 동안을 김창제 옹 댁에 살면서 김창제 옹과 전 전도사의 집안 · 생활 · 친척 등을 샅샅이 알게 되었다.

전 전도사의 가정은 일찍부터 개화된 기독교의 집안으로, 당시 우리나라가 문맹인으로 가득찬 때에 전 전도사 형제들이 모두 고등교육을 받았다. 그렇지만 뒤늦게 가난한 선비 김창제 옹과 결혼을 한 전 전도사는 경제적 어려움에 곤경을 겪었고, 곤경을 겪는 가운데 유일한 즐거움은 교인심방과 신문팔이에서 저녁에 돌아와 김창제 옹에게 끼니를 이어 드리고 외아들인 해원 군과 오순도순 이야기를 나누며 이따금 작은 음성으로 찬송가를 부르는 것이었다.

6 · 25 후 얼마 안 되어 영양실조에 자라난 듯 해원군이 요절

하였다. 그때 우리 청년들이 찾아가 전 전도사를 위로하고 장례식을 마치는 가운데도 그녀는 참척의 눈물을 흘리는 것과는 달리, 한결같이 부드럽게 친절하게 손님들을 접대하였다. 당시 나는 외아들을 잃은 전 전도사가 눈물이 없는 것은 몰인정에서 온 것이냐, 아니면 초인적인 신앙심에서 온 것이냐를 확인치 못했는데 그후 계속 겪어나가는 그녀의 굳은 신앙을 보고 초인적인 신앙심에서 온 것임을 알게 되었다. 외아들을 잃은 후에도 전 전도사는 누구를 대하나 역시 미소 · 친절 · 유순 · 겸손을 잃지 않았고, 전도사로 한결같이 시무하고 김창제 옹을 섬겼다.

사실이지 평상시 미소 · 친절 · 겸손 · 유순의 미덕을 지니는 것은 그리 어려운 일이 아니지만, 곤경 가운데 위의 미덕을 지닌다는 것은 어려운 일 가운데 어려운 일이다.

하나님에게 충실하고 누구에게나 친절을 베푸는 전태진 전도사에게 지자지애하신 하나님께서는 왜 곤경을 주시고 외아들을 앗아가시는지 적이 나는 하나님의 사랑을 의심까지 하였다.

외아들을 잃은 전 전도사는 5년도 채 못 되어 김창제 옹마저 세상을 떠난 슬픔을 당하였다. 그래도 전 전도사는 문상을 온 손님들에게 슬픔의 내색은커녕 한결같이 미소 · 친절 · 유순 · 겸손을 다해 장례식을 무사히 마쳤다. 그때 나는 전 전도사의 초인적인 신앙을 확고히 읽을 수가 있었다.

외아들과 남편마저 잃은 전태진 전도사는 70 노령으로 대현교회의 전도사에서 은퇴함과 동시에 경제적인 어려움으로 그녀의 동생 전수진 교장 댁에 우거하게 되었다. 얼마 있다가 설상가상雪上加霜 격으로 전 전도사는 중풍에 쓰러져 다시 일어나지 못하고 세상을 뜰 때까지 병석에 10년 동안을 눕게 되었다. 병석에 누워 있는 전 전도사를 나는 여러 차례 찾아 뵈었다. 전 전도사는 찾아간 우리들에게 아픔과 불편의 내색이 없이 역시 미소 · 친절 · 유순 · 겸손의 모습이었다. 곁에는 항상 성경과 찬송가가 놓여 있었고 찾아간 우리를 위해 따뜻한 분위기에서 대화를 나누었다.

기동을 못하는 전태진 전도사에게는 10년 동안 세 분의 가정부가 바뀌어 간호를 하였다. 모두가 일자무식 문맹자들이다. 전 전도사는 시중을 드는 가정부에게 한글과 한자를 익혀 그들로 하여금 성경과 신문을 보게 하고, 편지까지 쓰게 하였다고 한다.

전태진 전도사는 초년엔 시대적인 어려운 사항에서도 모든 형제들이 고등교육을 받을 수 있으리만큼 개화된 유복한 가정이었으리라 짐작된다. 그러나 40후 결혼하면서부터 경제적인 어려움, 게다가 외아들과 남편을 잃고 불기의 중풍으로 고생한 전 전도사의 생애야말로 인간적인 가장 괴로운 아픔이었다. 그렇지만 전 전도사는 미소 · 친절 · 유순 · 겸손 등 여성의 미덕을 신자이건 불신자이건, 나쁜 사람이건 착한 사람이건, 누구에게나 한결같이 지닐 수 있었던 것은 예수님의 사랑에 버금

가는 신앙의 힘이었으리라 생각된다.

전 전도사는 전도사로서 당시 우리 청년들에게 교리를 강조한 적도 없다. 교회에 나아가라고 강요한 적도 없다. 다만, 그녀는 어려운 가운데에도 예수님의 사랑인 온유와 겸손, 유순과 친절을 몸소 행해 당시 많은 청년들로 하여금 그녀를 따라 교회에 나아가게 한 한국에 알려지지 않은 위대한 여성이며 전도사이다.

나는 전 전도사의 신앙에서 확인할 수 있는 것은 많은 사람들이 생각하고 있는 것과 같이 신앙과 부귀는 일치하지 않는다는 것이다. 말하자면 신앙의 참된 효용은 굳이 인간적인 부귀·공명에 둘 것이 아니라, 우리가 처한 여러 가지 환경에 하나님의 뜻에 맞추어 어떻게 대처해 나아가느냐에 있다는 것이다.

> "그러므로 내가 그리스도를 위하여 약한 것들과 능욕과 궁핍과 곤란을 기뻐하노니 이는 내가 약할 그때에 곧 강함이니라."(고린도 후, 12:10)

— ≪진리와 자유≫, 1985. 9. 1.

이데올로기스트 鄭大哲의 죽음

사람이 산다는 것은 생래적으로 正直으로 살아가는 것이라고 孔子는 제자들에게 말씀하셨다. 즉 사람이 산다는 것과 생각한다는 것은 기본적으로 直에로 직결되는 것이기 때문에 결국 산다는 것과 생각한다는 것은 분리될 수 없는 동격의 동명사가 아닌가 생각된다. 그것은 삶 자체가 생각의 연속이요 끊임없는 생각을 통해서 삶은 정말로 풍부해지면서 다양해지고 보람있는 삶이 영위되기 때문이다. 그러므로 일찍이 데카르트가 회의주의의 늪 속에 빠져 헤맬 때, 헤쳐나오면서 외친 "나는 생각한다. 그러므로 존재한다."는 명제를, 나는 데카르트가 생각을 통해 존재를 확인한 것같이 이 글을 엮으면서도 존재를 재확인하는 명제로 원용할까 한다.

사람은 생명이 붙어 있는 한, 잠시라도 생각이 멈출 수가 없으려니와 잠시라도 멈추는 듯한다는 것은 보다 나은 생각을 위해 일시적으로 이루어지는 것일 뿐, 결국 인간은 사유를 통해 끊임없이 자기의 존재를 변화시키고 재확인하면서 보다 나은 존재로 만들어 나아가는 '호모 사피엔스(Homo sapiesn)'이다. 그러나 생각의 형태는 사람의 수만큼 천차만별이어서 다만 생각하는 주체자에 있어서는 그 생각의 대상은 절대자로 君臨하여 가장 떳떳한 것으로 인식되게 마련이어서, 이것이 비록 어느 집 단체에 대치된다 하더라도 어느 누구에 의해 대화를 통치 않고 강압적으로 거부되거나 전향이 강요되어서는 안 된다는 것이다. 더구나 이것이 폭력으로 거부되는 경우 이를 특히 폭력사회의 하나인 '파쇼'라고 부르게 피고 열매가 맺어진 것을 우리는 역사에서 확인하기 때문이다. 그러므로 오늘날 문명사회에서는 言路의 자유를 신봉하는 소위 自由民主主義보다 더 좋은 정치 제도가 찾아지지 않고 있다.

우리나라는 지정학적 환경에서 연유되었는지는 몰라도 역사적으로 남달리 이데올로기의 갈등을 겪어 왔다. 멀리 三國시대부터 사상의 자유를 만끽해 누렸지만, 조선시대에 이르면서부터 권위주의적 朱子學에 則하지 않으면 斯文亂賊이라 하여 思想의 불일치로 때로는 목숨까지도 빼앗겼다. 즉, 우리가 자기의 생각을 신봉하면서도 감히 밖으로 노출시키지 못하고 움츠려 살아온 것은 조선시대를 지내오면서 日帝 식민지시대를 이어져오는 가운데에서 연유되었다고 생각된다. 마치 밖에서 보면 부끄러운 일이지만 한국은 굳어지고 경색된 이데올로기의 싸움터로 인지되고 있는지도 모른다.

지난해 11월 25일자의 일간신문 보도에 의하면 정대철이란 분이 공산주의자로서 36년간 옥중생활을 한 후 풀려났지만 적응이 어려워 1년 만에 자살하고 말았다는 끔찍스러운 비극의 기사가 보도되었다.

나는 현실성이 없는 옛날 설화의 한 토막을 읽는 듯이 구슬프고 끔찍스러운 기사를 읽고 우선 정대철 씨의 비극적 죽음에 대해 깊은 애도를 표하는 한편, “인간 세상에 이럴 수가!” 탄식하면서 멍하니 하루를 방황하게 되었다. 정대철 씨는 평북 용천이 고향으로서, 8 · 15해방이 되자 조선공산당에 입당, 6 · 25 때, 남하하여 지리산에서 빨치산 활동을 벌이다가 51년 2월 체포되어 군사법정에서 무기징역을 선고받고 대전교도소에서 21년간 복역하다가 비전향자인 그는 보안감호의 처분을 받고 다시 청주보안감호소에서 14년간 복역하다가 지난해 사회안정법이 폐지되면서 풀려났으나 이리저리 일자리를 구해 방황하다가 적응이 어려워 그는 마지막 정착지인 閑山島에서 63세의 일기로 스스로 목숨을 끊었다고 한다. 마지막 유언으로는 조국의 평화적 통일과 잘살 수 있는 사회의 건설을 위해 노력해 왔으나 한 것이 아무것도 없어 이대로 죽는다며, 마지막 부탁은 내가 죽는 자리에 그대로 묻어 주고 잣나무 한 그루를 심어 달랬다는 것이다.

위의 짤막한 정대철 씨의 행적에서 확인되는 것은 그가 해방 후 이데올로기가 兩極化되는 과정에서 조국의 평화와 통일을 위해 공산주의를 지키다가 죽은 순수한 이데올로기스타라는 것이다. 즉, 자기의 신념에 찬 이데올로기를 지키는 것이 어찌 36년간의 영어생활은 말할 것도 없고 죽음으로 몰아가야 하는 죄가 되느냐는 것이다. 정대철 씨의 죽음은 인권적 차원의 문제가 아니라, 한국사람이면 南과 北 할 것 없이 누구나가 殺人행위로 책임을 져야 할 우리 모두의 문제가 된다고 본다.

그렇지만 일차적으로 强大國에 의해 타의적으로 남북으로 분단된 정치적 상황에서 자기들의 권력을 추구하기 위해 조국통일을 뒷전에 두고 무한권력을 실제 누린 李承晩, 金日成, 朴正熙, 全斗煥 등 소위 남북의 정치적 지도자들이 모두가 책임을 짊어져야 할 것이다. 그들은 조국통일을 위해 무슨 일을 해 왔는가. 자아도취적 독선을 위해 言路를 봉쇄하고 민주주의와 통일을 위해 투쟁해 온 義人들을 구박하고 학대하는 한편, 권력만을 위해 자기의 주관은 아랑곳없이 요리조리 붙어 다니는 소위 정상배들을 길러놓은 것 외에 무엇을 했단 말인가. 오늘날 민주화되는 과정에서 드러나는 정치 · 경제 · 문화 · 교육 · 교육 등의 견디기 어려운 不條理가 계속 노출되는 것은 해방 후 역대 정치적 비리의 누적현상이 한꺼번에 쏟아져 나오기 때문이라고 생각된다.

사람은 자연의 하나이지만 태어나면서부터 죽는 날까지 생각을 통해 살아가는 '생각하는 갈대(roseau pensant)'임을 거듭 강조하고 싶다. 생각에는 어느 권력을 위한 정치적인 것을 제외하고는 不純이 끼어들 수가 없다. 결국 순수한 생각만이 인간을 위한 문화를 창조해 나아가는 것으로서, 이 생각, 저 생각이 서로 어울리는 가운데 문화의 진폭은 넓어지고 깊어지고 건강해지면서 더욱더욱 발전해 나아가는 것이다. 더구나 남의 생각이 자기의 생각과 같지 않다고 하여 轉向을 강요하는 것이 얼마나 反文明的 행태가 된다는 것을 정치인들은 깊이 명심해야 될 것이다. 정대철 씨의 죽음을 계기로 하루 속히 한국의 정치인들이 생각의 위대성을 깨달아 言路를 활짝 트고 문화정치를 지향해 나아가기를 바란다.

끝으로 나는 지난해 정대철 씨의 순수한 죽음에 대해 그의 유언대로 한 그루 마음의 잣나무를 심어주는 한편, 생각은 삶을 위해 있지 생각을 위해 삶이 있음이 아니라는 것을 전제로, 결국 휴머니즘은 이데올로기에 앞선다는 말을 그에게 주고 싶다.

— ≪隨筆公苑(34)≫, 1991. 6. 29.

落葉의 시발

젊었을 적에 무더운 여름도 물론 좋아했지만 겨울날 폭설이 내릴 때에는 발광이라도 하고 싶은 듯, 炎署酷寒을 좋아하였다. 그러나 늙어가면서는 구미도 변하고 있음은 물론이려니와 계절에 대한 감각도 유난히 달라지기 시작하였다.

근래부터 추운 겨울은 아주 질색이고, 여름을 더욱 선호하게 된 것은 겨울이면 우선 추위와 감기로 몸과 마음이 아울러 움츠러들기 때문이다. 거기서 3·4월 꽃망울이 돋고 꽃이 피기 시작하면서부터는 저의 계절에 대한 희망이 싹트기 시작하다가 5월의 신록엔 그것의 환상 속에 홀딱 빠지게 되고, 이를 기화로 지속적인 희망과 열망을 갖게 된다. 그것은 6·7·8월의 연이은 싱싱한 녹음을 오랫동안 만끽할 수 있기 때문이 아닌가 생각된다.

그러다가 8월 초순을 지나면서부터는 계절의 희망이 까부러지게 마련인데 그것은 시간적으로 예외없이 엄습해오는 9월의 습관적 알레르기 비염과 사라져가는 녹음 때문이다. 하지만금년은 다행히도 가볍게 지나쳐 정말로 9월의 천고마비天高馬肥를 마음껏 즐길 수 있었고, 10월의 단풍도 맛보고 싶은 충동이 대단했지만, 바쁜 일정으로 끝내 구경을 놓치고 말았다.

요새 종강이 가까이오면서 어느새 우리 집 뜨락의 각종 나무들에 서서히 낙엽이 이루어지자, 늙음과 고독과 쓸쓸함이 겹쳐 어울리면서 낭만적 고적에 이따금 빠지곤 한다.

맨 처음의 낙엽은 감나무부터 한잎 두잎 떨어지기 시작하더니, 이젠 완전 낙엽을 이루었고, 이어 대추나무가 낙엽을 이루고, 다음은 살구나무가, 맨 마지막으로 낙엽을 이룬 것은 식물학엔 어둡지만 생명이 보다 강한 탓인지 목련나무로 이루어진다.

목련나무는 바로 나의 서재 앞에 있어 완전 낙엽이 언제 이루어지는지 계속 관망중이다. 그런데 목련나무의 묘한 현상은 낙엽이 하나하나 이루어지면서도, 한편으로는 다음 봄에 필 검은 몽우리가 생겨나고 있다는 것이다. 말하자면 낙엽과 싹, 죽음과 생명이 교차되고 있다는 것이다. 이제 우리 집 뜨락의 완전 낙엽은 계절의 법칙에 밀려 이달 11월 하순이면 여지없이 이루어져 앙상한 가지들만 남을 것이다.

옛날 같으면 낙엽이 완전 이루어진 앙상한 나무나 고목古木에서 무엇을 느낄 수 있겠느냐만, 요사이는 낙엽과 앙상한 나무에서 적이 앞으로 닥쳐올 나의 종말과를 때때로 대조 비교하게 된다는 것이다.

인생은 과연 어디에서 와서 어디로 간단 말이냐? 이것은 물론 우주가 어떻게 생겨나고 종말이 되느냐를 묻는 어리석은 질문이겠지만 생 · 노 · 병 · 사의 이 비극적 동물이 태어나는 것은 분명히 삶의 시작이요, 죽는다는 것은 삶의 종말이라는 것 외에 아직도 정답은 없는 것으로 안다. 삶과 죽음은 서로 모순된 비극적 개념이기 때문에 원효대사元曉大師도 괴로움의 늪에 빠졌을 때, '죽으려면 태어나지나 말고, 태어난 이상 죽지나 말 것'이라 한 것이나, 월명月明이 '생사生死의 길이 여기 있으매 저히고'라고 노래한 것은 인생의 비극적 실존을 그대로 보여준 것이라 생각된다.

그러나 나는 요새 낙엽의 계절을 맞으면서 생사의 문제와 연관시켜 이따금 생각해본다. 내가 살고 있는 홍은산방弘恩山房에 우거한 지 근 20년이 가까워온다. 우리집 뜨락의 각종 나무들이 계절의 추이에 따라 되풀이 되는 춘 · 하 · 추 · 동의 변화를 보아오다가 요새사 낙엽의 계절을 맞아 목련나무에서 생사의 교체를 목격한 것은 어찌 보면 뒤늦게나마 우주의 신비를 몸소 체험하는 계기가 되는지도 모른다. 즉, 우리 집 뜨락의 목련나무와 각종의 꽃나무가 거의 20년간 한결같이 요사이의 낙엽을 이룬 후엔 앙상한 가지에서 다음 봄엔 싹이 났다가 꽃이 피고, 꽃이 졌다가 녹음을 이룬 후에 다시 낙엽으로 돌아가는 그 계절의 순환에서 나의 생도 태어나 자랐다가 싱싱한 무성기를 이룬 후에 이제 나도 머지않아 낙엽의 인생을 맞을 것을 생각하면, 나의 생 역시 자연의 궤도에 예속된 자연의 하나임을 확신할 수밖에 없다.

우리 집 뜨락의 춘·하·추·동의 계절의 변이가 해마다 이루어진다 한들, 나무들은 언젠가는 늙어 시들어 죽을 것이다. 나의 생도 이 궤도를 벗어날 수는 없는 뻔한 일이다. 하지만, 우리 집 뜨락의 나무가 고목이 되어 죽는다 한들, 우리 집 홍은산방은 지속될 것이고, 가사 홍은산방이 고가古家가 되거나 또는 개발풍으로 혹은 불행히도 화재로 인하든 언제인가는 없어질지라도, 우리 집을 에워싼 백련산白蓮山은 수천 년, 혹은 수만년을 지속할 것이다.

백련산도 언제 대형 폭탄의 신형무기에 의해 무너져버리지 않는다는 보장은 없지만, 백련산을 에워싼 주변의 안산鞍山, 인왕산仁王山 등 한국의 대지는 보장될 것이다. 그러나 이것도 절대보장은 안될 말이다. 지난여름에 일어났던 혜성과의 충돌로 보면, 인간이 사는 지구도 절대보장은 금물이라는 것이다. 그렇지만 태양계 등 천억 개로 이루어졌다는 대우주는 현재 인간의 생각으로는 영원불멸 또는 공空, 그리고 무無라는 말 외에 대체할 적당한 말이 없을 것이다.

우리 집 뜨락의 한 그루 목련나무의 낙엽에서 해마다 반복되는 생사의 교체는 곧 그것이 대우주의 생성과 변화의 하나를 이루게 하는 동시에, 아울러 대우주로 포섭, 동참하는 거룩하고 엄숙한 뜻을 상징적으로 알리는 것이 아닌가 싶다. 이와 같이 앞으로 닥쳐올 나의 종말도 결국 이런 차원에서 이해되어야 할 것이다.

아, 낙엽의 생사의 교체여! 노자老子의 '화에는 복이 깃들어 있고, 복에는 화가 엎드려 있도다'(禍兮福所倚 福兮禍所伏)나 니체의 '영원한 회귀(Eving Wiederkehr)'도 내우주의 생성과정을 극명하게 표현한 말이 아닌가 한다. 이들의 이치를 터득하고 생사일여生死一如의 대오大悟의 경지에 몰입한 자가 말하자면, '각자의 중생자', 또는 '지인至人과 달자達者'라 해도 무방할 것이다.

나도 머지않아 어느 날 이 세상을 떠날 때, 낙엽의 시발 역할을 할 것이 무엇일까 스스로 곰곰이 생각해 본다. 나의 하찮은 저서와 산문들, 그리고 유형의 무형의 행위들은 나의 동료 교수들과 친구들, 후배들과 제자들 또는 나의 혈손들에게 과연 무엇이 기억될 것인가. 자신 있는 것이 별로 없으니 말이다.

— ≪隨筆公苑(48)≫, 1994. 가을호.

■ 연보

1927년	8월 11일 子時 서울 마포구 망원동(구 고양군 연희면 망원리)에서 나주 丁元燮公과 母夫人 晉州 柳씨의 二남으로 태어남.

• 학력

1935~40.	서울 용강공립보통학교 졸업.
1940~45.	경신중학교 졸업.
1945~47.	명륜전문학교 문과 수료.
1947~50.	성균관대학 국문학과 졸업.
1957~58.	고려대학교 대학원 국문학과 수료 문학석사.
1962~64.	중국대만국립사범대학 중문연구소에서 중국문학 연구.

• 경력

1951~53.	김포농업고등학교에서 국어 · 영어교사.
1953~57.	인천공업고등학교에서 영어 · 독일어교사.
1958~60.	청주대학 국문과 강사.
1960~62.	고려대학교 문과대학 강사.
1964~67.	계명대학 조교수 · 부교수.

1967~92.	고려대학교 문과대학 교수.
1975~.	문학박사 학위취득.
1980.	고려대학교 평교수협의회 준비위원장.
1985.4.1~7.31.	프랑스 Collége de france 및 Paris7 대학에서 초빙교수로 한중비교문학과 ≪구운몽≫ 강의.
1986~88.	고려대학교 중국학회 회장.
1988~.	영국국제지성인인명사전 The international who's who intellertuals 제8판 등재.
1988~92.	동방문학비교연구회 회장.
1989~.	중국 北京大學 비교문학연구소에서 한중문학비교 강의.
1990~현재.	미국전기연구소 Americcan Biographical Institute에서 자문위원으로 추대됨.
1992~현재.	동방문학비교연구회 명예회장.
1992~현재.	고려대학교 명예교수로 추대됨.
1992~2000.	순천향대학 중국문학과 대우교수.
1992~현재.	국학자료원 편집고문.
1992.	영국 국제전기연구소 IBC에서 한중비교문학연구로 '1992~1993년의 인물'로 선정됨.
1993~현재.	중국 중한문화관계연구회 고문.
1994~현재.	영국의 세계문학회 The world literary Academy 회원.
1995~현재.	동아시아비교문화국제회의 고문.
1995~현재.	한국고소설학회 고문.

1997~현재. 동아인문학회 고문.

2001~현재. 중국 延邊大學 한국문학연구소에서 한중문학비교연구 특강으로 명예교수로 추대됨.

2006. ≪구운몽≫의 40년 연구로 영국 IBC에서 '21세기의 2000명의 뛰어난 지성인 2000 outstanding intellectuals of the 21st century'으로 선정됨.

현대수필가 100인선 · 42
정규복 수필선

바람 따라 물 흐르듯

초판인쇄 | 2009년 4월 25일
초판발행 | 2009년 4월 30일

지은이 | 정 규 복
펴낸이 | 서 정 환
펴낸곳 | 좋은수필사

주 소 | 서울시 종로구 익선동 30-6
운현신화타워 빌딩 3층 305호
전 화 | 02)3675-5635, 063)275-4000
등 록 | 1984년 8월 17일 제28호
홈페이지 | http://www.shin-a.co.kr
e-mail | essay321@hanmail.net

값 7,000원

ISBN 978-89-5925-311-11 04810
ISBN 978-89-5925-247-3 (전 100권)